乐在启中

素养导向下小学美术教育实践探索

周飚 著

上海文艺出版社

序
勤耕耘·向未来

我始终认为：当一名小学美术老师不容易，要当好一名小学美术老师就更不容易了。

小学美术老师难当，是由于小学阶段儿童的身心正处在不断变化和发展过程之中，对美术知识与技巧的掌握，在不同阶段会呈现出不同的特征。因此，一名好的小学美术教师，一定是能了解和掌握不同阶段儿童的身心发展特点，会采用不同的教学手段和方法，并能有针对性地来进行教学。

小学美术老师难当，是由于小学美术课不是培养专业艺术家，而是面向全体学生，通过美术课来培养学生的审美能力、想象力和创造能力。因此，一名好的小学美术教师，一定是全心全意地为所有学生着想，为培养学生感受美、欣赏美、表现美和创造美而无私奉献。

浦东新区南码头小学校长助理周飚老师，就是一位非常优秀的小学美术教师。他长期在小学美术教学的第一线，认真钻研、探索，带领学生从感知身边的美开始，通过丰富多样的美术实践活动，培养学生的创新意识和丰富的想象力。近年来，周飚老师在美术课中还增加了上海地区非物质文化遗产方面的学习内容，使学生从小对中国传统美术有更深刻的了解，增强了非物质文化遗产的保护意识和文化自信。多年的努力，周飚老师收获了丰硕的成果，成了浦东新区小学美术骨干团队领衔人、浦东新区小学美术学科带头人、浦东教发院小学美术兼职教研员。他还获得了浦东新区"园丁奖"、浦东新区体教系统"五一劳动奖章"、浦东新区教育信息化先进工作者等奖项。与此同时，他还具有较高的美术专业素养，多幅美术作品在全国、市、区等各级美展中展出，多篇美术教育论文在全国各种杂志上发表。周飚老师所取得的这些骄人成果，正是他辛勤努力所换来的。

最近，见到周飚老师撰写的《乐在"启"中——素养导向下小学美术教育实践探索》一书，从教学研究、课程开发和教学案例三方面来论述，真为他感到高兴，感谢他将自己多年从事小学美术教学工作的经验与大家分享、交流。同时，也希望周飚老师继续在小学美术教育领域辛勤耕耘，带领一批批的孩子一起向未来。

胡知凡
上海师范大学教育学院教授
中国教育学会美术教育专业委员会学术委员
教育部《义务教育美术课程标准》研制组和修订组核心成员

自序
乐在"启"中
——素养导向下小学美术教育实践探索

"启"在中国汉字中，是开创、开始、开拓之义。小学是每一个孩子成长的黄金时期，小学美术课程对于小学生来说就是："启蒙""启发"和"启航"。乐在"启"中，是因为"美术"为每一个孩子开启了一扇别具一格的大门，让孩子们在美术课程实践活动中，慢慢走进艺术的世界，感受艺术世界的多姿多彩，感受艺术创作的快乐，感受世界在我们的七彩画笔下绽放的炫彩，开启艺术世界的旅程。这个过程，对于学习成长中的孩子们来说，是至关重要的。

启 蒙

应该说，小学美术老师是学生在美术领域的启蒙老师。虽然在幼儿园中，学生们也曾经涂涂画画，开始感受美术的魅力，然而真正较为系统地获得美术基本的、入门的知识，最起初的绘画技能学习，应该是在小学中的五年时间。学生们从感知身边的美开始，知道点、线、面以及造型、色彩的运用，感受同龄人的艺术世界，从丰富的儿童艺术作品中，开始了解我们这个多姿多彩的世界。通过美术课程的学习，开始懂得怎样做一个合格的小学生，并逐渐养成良好的学习行为习惯。

启 发

未来的中国，需要的是复合型的人才。小学美术教育，其课程内容非常丰富，通过丰富的美术课程实践，能有效地促进学生的身心发展，尤其在创造意识的培养方面，美术的作用显而易见。特别是对学生美术核心素养的培养，起到了较为关键的作用。对于学生来说，"开启"只是刚刚走近艺术殿堂，而"发展"却是对今后任何学习有很大帮助的。美术是一个多样性的世界，在学习美术的过程中，学生们丰富了自然、社会、科技、人文等相关知识，从"美术"中了解中国，感知自然。美术也是世界的，中外不同的艺术创作形式、不同的艺术内涵表现，也培养了学生观察分析的能力，对中国传统美术强大的生命力和凝聚力有了更深的了解，增强文化自信。

启 航

经过五年的学习，当初对美术懵懵懂懂的小孩子们，渐渐成长为一个个具有一定的审美能力、创意表现能力的小大人了。他们了解了一些美术门类，如绘画、雕塑、建筑，也会对美术作品的内容和形式特征区分析交流，对我们中国传统优秀文化和一些西方美术也有了一定的了解，在形成文化理解的同时，学到了艺术家们对艺术创作孜孜不倦的探索精神和工艺师们专注、精益求精的工匠精神，还养成持续学习的好习惯，为今后的持续"启航"打下了一定的基础。

随着国家教育部在2022年4月颁布了《艺术课程标准》2022版，其中特别提到了艺术教育的责任：坚持以美育人，重视艺术体验，突出课程综合。艺术课程的目标就是围绕学生的核心素养主要包括审美感知、艺术表现、创意实践、文化理解等综合能力的培养。让每一个孩子明天更好地发展，这也是我们每一个美术老师的时代担当，需要我们不断学习，提升理念，努力提升自身专业素养，学习新的教育技术，认真钻研教材，不断优化我们的美术教育教学活动，乐在"启"中，带领孩子们一起向未来。

周　飚

目 录

序　　勤耕耘·向未来

自序　乐在"启"中——素养导向下小学美术教育实践探索

第一章　教学研究

1　"美术"里的中国——从上教版小学美术教材说起 …………… 3
2　目标导向的小学美术课堂教学实践探索 ………………………… 14
3　切实提高小学美术课堂教学环节的有效性研究 ………………… 21
4　小学美术教学导入环节的实践研究 ……………………………… 26
5　小学美术教学中的"比较法"运用的实践研究………………… 30
6　小学美术基础教学中剪纸艺术的实践研究 ……………………… 34
7　小学美术水墨画教学实践研究 …………………………………… 43
8　小学美术写生教学的实践研究 …………………………………… 49
9　小学美术课堂教学中欣赏教学的实践探索
　　——从欣赏《好看的农民画》说起 …………………………… 57
10　传统文化里寓意造型在小学美术教学中的实践运用 ………… 62
11　基于 Classin 平台的小学美术线上教学实践 ………………… 69
12　素养导向下小学美术西方美术的教学实践 …………………… 74
13　巧用谜语丰富小学美术课堂教学 ……………………………… 79

14 上海非物质文化遗产与小学美术教学研究 …………… 83
15 小学美术教学中培养学生环保意识的实践探索 ………… 88
16 青年美术教师培养策略的研究 ……………………… 93

第二章　课程开发

1 "美丽的小书签"小学美术校本课程的设计与运作 ……… 101
2 开发上海老工业区艺术文化资源建设美术校本课程的研究 …… 107
3 《普通美术教师如何"从我做起"》培训课程 ……………121

第三章　教学案例

1 "走近名作"主题性单元水墨画教学设计 ……………129
2 从"三国演义"到"装饰的骏马" ……………………139
3 《烟囱变变变》课程教学案例 ……………………142
4 "青花瓷之山水篇"教学设计 ………………………146
5 小学美术微课——"水墨趣字" ………………………151
6 信息技术环境下"自画自说"活动的设计与运作 …………155
7 形状的游戏之"有底色的画"教学设计 ………………162
8 《"马赛曲"像一头雄狮》速写教学案例分析 …………168

后　记 ……………………………………………… 173

第一章 教学研究

1 "美术"里的中国——从上教版小学美术教材说起

【摘 要】中华优秀传统文化是中华民族的精神命脉，美术作为义务教育阶段基础课程，在小学美育中起着较为重要的作用。从现行的小学美术基础教材中，挖掘"美术"里的中国故事，以美术核心素养为培养目标，结合美术课程的教学实施，优化教学过程，感受中华民族伟大复兴的时代感，从而达到以德树人为先的艺术育人目标。

【关键词】中国 小学美术 传统文化 发展

当今的中国，正在快速地发展中，未来将需要更多的高素养人才。学校的美育以落实立德树人为先，聚焦中国学生发展核心素养，引导学生明确人生发展方向。中华优秀传统文化是中华民族的精神命脉，美术作为义务教育阶段基础课程，在小学美育中起着较为重要的作用。作为一名艺术教育工作者，我们要根据艺术课程标准的要求，汲取中华优秀传统文化中的营养和智慧，在小学美术课程实施中，通过创造性转化和创新性发展，展现中华优秀传统文化的独特魅力，并结合中华民族伟大复兴所取得的伟大成果，优化课程结构，以美育人，以美化人，以美润心，以美培元。

进一步挖掘"美术"里的中国故事，以审美感知、艺术表现、创意实践、文化理解四个方面培养学生核心素养培养为目标，深度挖掘教材，提高美术教育活动的教学效果，达到育人目标。以我们上海小学目前使用的"上教版小学美术教材"（本文所指的教材）来说，其课程内容包括了中国优秀传统文化和发展中的中国的创作题材，其中以传统文化为课程教学内容的占了较大比例。

一、"美术"里的中国传统艺术形式

据不完全统计，在目前我们所使用的小学美术基础教材里，一至五年级的十册教材，根据教学内容、课程类型和文化传承，其分类和分布情况如下：

1. "美术"里的中国绘画篇

年级	教学内容	课程类型	文化传承
一年级第一册	彩色的名字	绘画	历史人文
一年级第二册	象形的文字	书法、水墨	历史人文
二年级第三册	深情的敬师卡	绘制	历史人文
三年级第五册	赛龙舟	绘画	民间习俗
三年级第五册	墨点的趣味	水墨画	传统艺术
三年级第五册	墨线的变化	水墨画	传统艺术
三年级第五册	水墨游戏	水墨画	传统艺术
三年级第五册	美丽的花挂毯	绘画	民间工艺
三年级第五册	素雅的青花瓷	绘画	传统工艺
三年级第五册	好看的农民画	绘画	民间艺术
三年级第六册	水墨瓶花	水墨画	传统艺术
三年级第六册	游动的鱼	水墨画	传统艺术
三年级第六册	有趣的池塘	水墨画	传统艺术
四年级第七册	用水墨来画树	水墨画	传统艺术
四年级第七册	汉字变成画	水墨画	传统艺术
四年级第七册	威武的门神	绘画	民间艺术
四年级第七册	装饰小瓶罐	绘画	民间艺术
四年级第八册	节日的烟花	绘画	文明传承
五年级第九册	上海弄堂	绘画	历史人文

（续表）

年级	教学内容	课程类型	文化传承
五年级第九册	彩墨花卉	水墨画	传统艺术
五年级第九册	彩墨风景	水墨画	传统艺术
五年级第十册	美丽的水乡	绘画	历史人文
五年级第十册	京剧脸谱	绘制	戏曲文化
五年级第十册	京剧盔头	绘制	戏曲文化
五年级第十册	彩墨戏剧人物	水墨画	戏曲文化

绘画一直是小学美术基础课程中形式和内容最为丰富的课程形式，内容包罗万象，很多内容都是来自学生的身边。我们的名字，包含着我们的父母对我们成长的期望；我们的汉字文化，其演变和寓意，更是体现了我们中华文明的历史文化；还包括了国粹——京剧表演、以我国古代四大发明之一火药演变的"节日的烟花"等。其中以中国画为艺术形式的教学内容最多，其题材最为广泛，深受广大学生的喜欢。中国画，又称国画，在世界美术领域中占有重要的地位，是琴棋书画四艺之一，其基本表现用毛笔蘸水、墨、彩作画于绢或宣纸上，基本题材包括人物、花鸟、山水、动物等。作为中国流传最广的一种绘画艺术形式，中国画在表现内容和艺术创作形式上，体现了中国人对大自然、社会发展形态等方面的认识，特别是中国的文人，寄情于水墨之中，人文性的体现尤其突出。国画的绘画工具"笔墨纸砚"，是我们中国独有的文书绘画工具，一般称为文房四宝，也是中国传统文化的直接体现。可以设想一下，在极具中式文化的书法国画教室里，案头文房四宝，学生们或"墨点的趣味"、或"墨线的变化"，画着"树木山川""彩墨花卉""彩墨戏剧人物"，感受着中国画勾勒、破墨、渲染的水墨独特效果，分享着对齐白石、吴冠中、关良等著名中国画家的绘画故事。

当今网络时代，信息传播速度迅猛，我们的学生从一些传世名画，如"《清明上河图》张择端·世博会""《千里江山图》王希孟·2022春晚表演"，开始渐渐接触和了解中国古代绘画的巨大成就。借助现在的网络平台，我们可以从不同的博物馆、美术馆等相关艺术平台上找到所需的适合学校美术课程教育教学的优质传统文化资源，经过老师的挑选后，提供给我们的学生，引导学生欣赏探究、感受名画的美，了解名画背后的故事。当学生们得知，《千里江山图》的创作者王希孟当时年仅18岁，就画出了传世名作时，无不惊叹，他们更细致地去探究了解这幅"千里江山图里的中国"，更深一步地去了解画面所表现的绵亘山势、幽岩深谷、高峰平坡、流溪飞泉、水村野市、渔船游艇、桥梁水车、茅棚楼阁以及捕鱼、游赏、行旅、呼渡等人物的活动，感受着第一青绿山水的魅力，更是对绘者所描绘的理想中的大好河山的思想碰撞。借用画中的资源，再去引导学生用水墨画的形式去画山、画水、画树、画人物时，孩子们的创作的思路被拓宽了，画面中的不同造型也渐渐生动起来，因为他们有一个十八岁的"偶像"——王希孟。

2."美术"里的中国剪纸篇

年级	教学内容	课程类型	文化与传承
二年级第三册	剪剪小窗花	剪纸	民间艺术
三年级第六册	剪出来的动物	剪纸	民间艺术
三年级第六册	剪出来的人物	剪纸	民间艺术
三年级第六册	剪出成语故事	剪纸	民间艺术
四年级第七册	套色剪纸	剪纸	民间艺术

2006年5月20日，中国剪纸艺术遗产经国务院批准列入第一批国家级非物质文化遗产名录。剪纸是我国民间较为常见的民间艺术，也是学生比较喜欢的课程。纸是中国古代的四大发明之一，在中国，剪纸具有广泛

的群众基础，交融于各族人民的社会生活，是各种民俗活动的重要组成部分。中国剪纸是一种用剪刀或刻刀在纸上剪刻花纹，用于装点生活或配合其他民俗活动的民间艺术。其视觉形象和造型格式，蕴涵了丰富的文化历史信息，表达了广大普通民众的社会认知、生活理想和审美情趣等，具有认知、寓意、抒情、娱乐等多重社会表现价值。

教材里的剪纸内容有学生最为喜欢的"动物剪纸"，结合学生的生活，一般都会选用以十二生肖作为创作的题材。每一个中国人，都会有一个相对应的生肖，为全家人剪刻一组生肖大团圆，可不是一件容易的事。学生们在学习掌握一定的剪纸基本技能的同时，加深了对中国传统文化的体验。如《剪出成语故事》一课，我一般先在课前布置给学生一个探究任务，请学生通过多种渠道，去学习了解一些成语故事，从中挑出比较适合剪纸表现的成语故事，如"守株待兔""自相矛盾""高山流水"等，通过引导学生根据成语故事，设计剪纸造型，并运用剪刻技能来创作成语故事的剪纸作品，让学生在课程活动中，体验了中国成语结合中国剪纸综合艺术创作的美。

3. "美术"里的中国泥塑篇

年级	教学内容	课程类型	文化与传承
三年级第六册	泥条小陶罐	泥塑	民间艺术
四年级第七册	我们的吉祥物	彩塑	民间玩具
四年级第八册	古代的编钟	泥塑	国家宝藏
四年级第八册	青铜古鼎	泥塑	国家宝藏
四年级第八册	学塑兵马俑	泥塑	国家宝藏
五年级第九册	捏塑人物	彩塑	民间艺术
五年级第九册	民间彩塑	彩塑	民间艺术
五年级第十册	悠悠的小船	泥塑	民间艺术
五年级第十册	多样的民居	泥塑	民间艺术

从国家宝藏到普通民居和瓶瓶罐罐，泥塑的造型魅力可谓丰富多彩。泥塑的造型需要一定的捏、团、搓、压等多种泥塑技能组合。教材里的泥塑课程从表现国宝级的"古代的编钟""青铜器""兵马俑"到普通的民居、小船和日用品，更有孩子们喜欢的"民间彩塑小玩具"。就拿青铜器来说，最初的中国两字，就出自古青铜器何尊，器物上的铭文"宅兹中国"，也是中国历史上最早出现"中国"一词。赫赫有名的"秦始皇陵兵马俑"，有不少学生去过西安看到过兵马俑，也被兵马俑的气势所震撼。而民间吉祥物中的寓意，如老虎的"福"、公鸡的"吉"等，反映出普通百姓的美好愿望。"多样的民居""悠悠的小船"也是反映了别样的地域文化，历史传承。

上海有不少比较著名的水乡，如朱家角、枫泾古镇、新场古镇等，其中不少是江南民居代表建筑。带着孩子们"重游"古镇，感受着古镇的幽静，发现着古镇的美。孩子们学习用陶土制作泥片，根据江南民居的造型结构特点，打造出心中的水乡。有的孩子负责塑造"小桥"，有的孩子负责制作"小船"，有的负责刻画民居的细节，用小牙签在"屋顶上"细细刻画着瓦片……看着最后的作品，各小组"小桥流水人家"展现出来时，我顺便提出了请各小组给自己的作品起一个具有"诗情画意"的名字时，于是就出现了"弯弯的小桥""静悄悄的流水"……为多样的民居更添韵味。

4."美术"里的中国综合材料篇

年级	教学内容	课程类型	文化与传承
二年级第三册	夸张的面具	综合材料	民间艺术
二年级第三册	我们做花灯	综合制作	民间艺术
二年级第四册	鼓儿响起来	综合制作	民间艺术
二年级第四册	漂亮的"扎染"	综合制作	民间艺术

（续表）

年级	教学内容	课程类型	文化与传承
二年级第四册	学学做"蜡染"	综合制作	民间艺术
二年级第四册	巧妙地编织	综合制作	民间艺术
四年级第七册	学做画像砖	综合制作	民间艺术
四年级第八册	皮影艺术	欣赏表述	民间艺术
四年级第八册	会动的皮影	综合制作	民间艺术

综合材料一直是深受学生喜欢的美术课程形式，因为在教学实施过程中需要用到不同的材料。可不能小看我们的学生，有些学生的家长很注重扩大孩子的知识面，正所谓见多识广。就拿《学学做"蜡染"》一课来说，当我引导学生欣赏"蜡染"这一种民间艺术形式时，问学生：你们在哪里见过？竟然有不少学生举手回答"古镇上""我在机场看到过""民宿里见到过"……在请学生说说对"蜡染"这种民间艺术的感受时，学生给出了"图案不一样""安静""朴素""别致"的答案，我们的每个学生，对传统民间工艺的也是有自己独特的感觉，他们感知着传统文化的独特艺术魅力。既然有不少孩子们喜欢和熟悉"蜡染"，接下去的教学就容易多了，课堂上利用棉花签的白点点，在深蓝色的纸面组合出各种纹样，仿制的蜡染作品可说是精彩纷呈。

二、"美术"里的中国建设发展

时代在发展，新时代的中国需要展现中国的文化自信，中华文化的繁荣兴盛是中华民族伟大复兴的标志之一。同时，中国在人民生活、环境保护、航天领域、体育领域、城市建设、综合盛会等方面，也向世人展现了大国风采。结合教材，笔者也做了一些统计：

1. "美术"里的中国人民生活篇

年级	教学内容	课程类型	建设发展
一年级第一册	画画我的幼儿园	绘画	人文教育发展
二年级第四册	快乐家庭	绘画	社会和谐
五年级第十册	毕业友谊卡	绘画·设计	人文情感交流

我们的学生，来自千家万户，每个人生活环境让每个学生都有自己对生活的不同感受。学生们从家庭到学校，在学习中不断成长，通过主题性绘画，让学生通过画笔表达对生活的的感知。如《快乐家庭》一课，我先请孩子们说说家里最开心的事，孩子们的回答可说各不相同，有的说："家长帮他买了最喜欢的玩具"；有的说："全家一起出去玩"；有的说："家长做了一桌好吃的"；还有的说："他取得好成绩全家最开心"……通过学生所表述的内容，我让学生开始构思构图，以"快乐家庭"为主题的画面慢慢展现。在作品完成后的作业展示环节，孩子们都积极主动上来介绍自己的作品，把自己的快乐分享给大家。孩子们笔下的人物造型虽然还不够准确，但是生动的表情，对家里人的特征表现却是最仔细认真，他们用画笔表述着对家人们的感知和感恩。

2. "美术"里的中国环境保护篇

年级	教学内容	课程类型	建设发展
一年级第一册	有小鸟的树	绘画	环境发展
三年级第五册	花园城市	绘画	环境发展
五年级第十册	有层次的风景	绘画	环境发展

美好的环境总是让人心情愉悦，感受周边环境的变化，风景画也是小学美术课程常见的绘画题材。我通过观察比较法的实施，一边是美景如画，一边是"被破坏"的自然环境，强烈的对比让学生感受到保护环境、

保护大自然的重要性。在孩子们创作的作品中，无论是"有小鸟的树"还是"花园城市"，孩子们分享最多的话语就是："我喜欢大自然的青山绿水，我们要保护好我们的地球。"通过多媒体展示上海的城市绿化建设的视频和图片，把魅力上海的四季美景展现在孩子们面前。孩子们也会分享他们出去旅游时看到魅力乡村和大美中国的美丽景色，再去用画笔表现身边的美好环境时，每一幅作品都渗透着"风景这边独好"的情感。当我问到孩子们该如何去保护好我们的环境时，"不破坏绿化""不乱丢垃圾""保护小动物""多种树"等就是孩子们坚定的回答。

3."美术"里的中国城市建设篇

年级	教学内容	课程类型	建设发展
一年级第二册	立体交通	绘画	城市发展
一年级第二册	小小建筑师	绘画	城市发展
三年级第五册	美丽的路灯	制作	城市发展
三年级第五册	城市雕塑	纸艺	艺术表现
五年级第九册	学做建筑模型	综合制作	城市发展
五年级第九册	都市情怀	绘画	城市发展
五年级第九册	跨越时代的桥	绘画	城市发展

中国的基建实力举世闻名，中国城市发展也是取得了举世瞩目的伟大成就。就拿我们上海来说，立体的交通模式、快速的出行方式成为城市的一道风景线。现在的城市设计师们更注重艺术与实用的结合，无论是普普通通的路灯，还是寻常人家的居住小区，都把艺术造型元素融入其中。在我们的教材里可以看到，在让我们的学生感受到中国快速发展的建设成果的同时，从"小小建筑师""学做建筑模型""都市情怀""跨时代的桥"等课程的实施过程中，也能感受城市发展建设的成果，用手里的画笔，描绘我们的家园，并激发学生的创意表现，因为他们就是以后城市的主人，是

未来的城市建设者。

如"城市雕塑"一课，孩子们的争议比较大，因为现在有一些城市雕塑的趋势是以抽象的造型来表现，而孩子们比较喜欢的雕塑往往以接近具象的造型为主。我特地找到一些不同地点、不同表现的城市雕塑，有外滩陈毅市长的雕像、立交桥中"燃烧的火焰"组合雕像、街心花园里"腾飞"为主题鸽子造型组合的雕像，并结合我们校园里由学生自己设计的"艾玛"雕像，请学生欣赏、讨论交流。孩子们在学习交流讨论的过程中，他们慢慢发现，在不同的城市空间，不同形式雕塑会给人不一样的感受，只有适合环境的雕塑，能够吸引人目光而产生共鸣的，才是好的城市雕塑。

4."美术"里的中国综合展现篇

年级	教学内容	课程类型	建设发展
一年级第二册	未来汽车	绘画	科技发展
一年级第二册	比赛跑	绘画	体育发展
一年级第二册	我们的奖牌	绘画	体育发展
四年级第八册	小邮票大世界	绘画	国家名片
五年级第九册	飞向太空	绘画·纸艺	航天科技

中国的综合国力已经展现在世界面前，中国在世界领域多方面取得了很多了不起的成就。如我们的"汽车工业""体育盛会（2008的夏季奥运会，2022年的北京冬奥会）""中国空间站的建设，宇航员的太空授课"，加上作为"国家名片"的邮票设计，使中国不断展现出大国风采，我们的学生通过画面展现中国成就的美术创作题材是越来越多。

记得在"我们的奖牌"一课，在利用彩泥制作出奖牌基本底座的同时，我问我的学生，我们的运动员在世界体育舞台上取得了很多优秀的成绩，你们最喜欢哪些运动项目和世界冠军？孩子们对我们的乒乓球、羽毛球、跳水、射击、游泳等项目比较熟悉，在课程实施过程中，我除了引导学生在为奖牌设计出简约夸张的人物造型以外，还告诉学生，我们中国体育健儿在世界体育领域中取得成绩远远不止这些，包括女排队员的拼搏精神，以及运动员们为了取得好成绩，用科学的方法进行刻苦的训练，日复一日，年复一年，只为取得更好的成绩为国争光！

其次，我们的中国空间站是当今世界上最先进的空间站，当年的飞天梦想已经实现，我们的宇航员为我们传回了越来越多宇宙空间研究数据，让我们更多地了解这个"宇宙世界"。记得在以前的科幻画作品中，很多都是描绘宇航员到太空的题材，而现在梦想已经实现，这也给我们的美术课堂和作品创作提出了更高的要求。在现在科幻题材的作品中，我们更关注当下的世界环境保护，绿色能源的开发，其中有个孩子的创想就是：沙漠里的智能车，它能够"转沙为土"，让大沙漠变成千万亩的良田，这真是一个了不起的创想，我们更希望未来能够实现这个目标，让我们的地球变得更加郁郁葱葱。

三、结语

我们身处在中华民族伟大复兴的时代，中国正在飞速的发展。上教版"美术里的中国"只是中国美术教材里的一小部分，作为一名艺术教育工作者，一名美术老师，我们有理由把"美术"里的中国，通过我们的学校美育课程，在孩子们的心中种下一颗"心灵的种子"。因为我们的学生，就是中国优秀传统文化的未来的继承者和传播者。让更多的孩子来感受魅力中国、文化中国，描绘和展现我们的伟大国家，为未来中国培养更多的高素养人才，中国的未来会更加灿烂。

参考资料：
[1]义务教育艺术课程标准（2022版）

目标导向的小学美术课堂教学实践探索

【摘　要】根据美术课程标准的要求，制定好小学美术课堂教学目标，有利于激发学生的学习兴趣，有利于优化课堂教学，提高美术课堂教学的实效，丰富学生的知识面，培养和提高学生的综合素养，进一步达到育人目标。

【关键词】小学美术　教学目标

如何提高小学美术课堂教学的效率，教学目标的制定非常重要，根据目前笔者所用的上教版小学美术教材，进行了如下的思考，并在实践中进行探索。

一、小学美术课堂教学目标的界定与制定

现行的小学美术教学目标要从三个维度去考虑。第一个维度指向"知识与技能"，属于认知领域范畴，这个维度目标是可以通过课堂教学产生学习结果的，所以也叫达成性目标。达成性目标的特点是显性目标，它的表述是学习结果的体现，便于我们在课堂教学过程中的观察。第二个维度指向"过程与方法"，一般是指在小学美术教学中要体现学习的过程，让学生有学习的体验和技能表现过程，同时要根据学生不同的年龄段、不同的学习特点以及美术学科特质结合具体的教学内容而采用合适的方法。这个维度不指向结果，却对后续学习中有很大的影响，所以这个维度目标可以看成发展性目标。第三个维度则指向"情感、态度与价值观"，这个维度目

标虽然也是教学的预期结果，但是通过一堂美术课显然不能完全做到，而是需要更长的时间去内化，形成相对稳定的心理倾向性，兼有达成性目标和发展性目标的特征，要不断通过美术课堂慢慢浸润和渗透给学生。当然，每次教学目标的制定与实际的教学结果之间会有一定的差异：一方面教学目标的适切性和预期效果存在一定的偏差，另一方面教学对象的多元化也是造成差异不可忽视的因素。

　　小学美术课堂教学目标制定的主要依据是《义务教育美术课程标准（2011年版）》，课标是学科教学实施基本标准。而教学的实施是要进入每一个美术作品欣赏交流和创作实践、每一堂课，所以作为美术教师要制定的是分课时的教学目标，从课程标准到单元目标再到每一课时的目标，需要逐级分解目标。小学美术教学目标的制定，可以借鉴布鲁姆教育目标分类法，通过"知识掌握+技能表现+感受评价"的形式来描述。我们先来看看上教版小学美术教材五年级第二学期第四单元中感受民间艺术中《京剧脸谱》一课时教学目标的编制：

　　1. 知识与技能：了解京剧脸谱中五官夸张的一般特点，创作或临摹绘制一幅京剧脸谱。

　　2. 过程与方法：引导学生观察、讨论、分析，了解京剧脸谱中五官的一般夸张手法，并尝试运用色彩、图案表现京剧人物性格。

　　3. 情感态度与价值观：感受传统京剧脸谱独特而强烈的视觉美感。

　　目标1，关于知识点的表述是非常清晰的，有利于教师合理分配一课时的知识量和技能学习的表现方法。

　　目标2，因为学生对京剧脸谱的表现方法掌握的相关知识较少，本课通过先观察，了解京剧脸谱中的五官夸张和色彩表现的方式，也是抓住了本课教学重点和难点。

　　目标3，体现了美术学科独特的视觉艺术的特点，每个学生对艺术作品的感染力的感觉是有差异的，通过不断的审美感知，也是让学生不断积累和提升的有效方法。

综合以上分析可见，在课堂教学实施之前，认真分析教材，正确认识教学目标、精准制定目标，有利于教学活动实施中方向的准确性。

二、小学美术课堂教学需要通过教学活动的设计来细化目标

美术课堂教学设计是实现课堂教学目标的具体规划，一般来说课堂教学设计需要符合以下几个要求：

第一，教学设计必须具有逻辑性。

长期以来，由于小学美术教材以单元分类的形式呈现，教学设计都是按照不同单元的内容顺序来串联。美术教师一般从知识点入手，引导学生发现艺术作品的表现形式、造型特征，再去学习掌握相关美术技能。一般前十分钟老师一小节一小节地提问，学生则在课堂里不停地回答这些提问，把学习内容了解清楚后再去学习相关的美术技能。

美术学科的性质是审美情趣的培养、艺术表现培育以及情感的沟通与交流。学生只有通过一个个学习活动，才能感受和掌握艺术表现这个工具，才能运用在创意实践和文化理解上去感受美术作品所表达出来的魅力。所以，美术课堂教学设计的逻辑性是学习活动设计的合理串联，而不是美术教学内容设计的串联。

第二，体现学生是学习活动的主体性。

学生是在一节课的不断学习过程中掌握一定的综合知识、学习美术表现技能。一节课中，教师应该让学生不断根据美术学习的需要和实际情况，采用不同的教与学的方式。一般来说，初步接触美术作品，要先让学

生带着任务充分地观察、发现。有了一定的综合知识和美术技能了解的基础，之后是组织学生交流和学习运用美术的技能进行创作与表现。学生的学习能力和美术创作表现能力是有差异的，艺术创作的速度也有快慢。为了尊重和关注到每一个学生，理想的美术课堂是针对不同的学生所分配的学习任务也有所不同，学生的美术作业也要根据学生的学习基础来设定、完成和评价，让不同学习能力的学生完成不同的学习任务，以此满足不同学生在同一堂课里的学习成果。学生积极主动地学，主动探究，提出问题，都是体现学生作为学习主体的特征。

第三，美术课堂活动设计的渐进性。

我们的教学设计要围绕目标给学生学习的具体任务，任务要明确，特别是美术作业要求，要细分、有层次。能让学生在学习过程中体现从简单到复杂的渐进性过程，让学生在审美感知和创作时间过程中对学习美术实践的经历具有深刻的印象。美术课教学不止在课堂里，教师可以在课前根据美术教学内容布置一些学习探究任务，可以是个人，也可以是以小组形式，不过要有比较明确的任务目标，就像前面所说的《京剧脸谱》，可以让学生了解下京剧脸谱的谱式，了解人物与脸谱颜色的关联。这时候的学习任务相对比较自由，任务也不太多。大部分学生有了同伴的互助和老师的帮助，也能够完成学习任务；也会有少数一部分学生由于各方面影响例外，但也要基于这些学生的学习基础和学习能力。等到在课堂上实施教学时，则是让学生相互学习和启发的好方法，不仅有利于学生了解自己的学习情况，也可以了解与他人的对"脸谱"发现的差别，更有利于取长补短，不断地完善自我。

三、通过课堂教学实施来落实目标

一堂课的时间有限，我们上海小学美术课堂教学时间只有35分钟，教师要让学生在课堂学习的过程中沿着目标方向渐进，也要在有限的课堂教学时间里提升教学实效性。为了落实目标，课堂教学需要这样实施：

首先，课堂实施要围绕教学目标的设定，提前引导学生储存相关的知识。只有让学生掌握达成目标的相关知识，学生才能用这些知识去学习与探究。这里所谈的知识，除了美术学科的技能知识如使用材料、画种分类、艺术表现等知识之外，还有一些学习的综合性知识。比如"培养美术作品创作耐心细致的好习惯"这一教学目标，教师就要引导学生去了解画家的生平以及艺术格言，如齐白石的名言："每日作画，不教一日闲过。"又比如用三年级"墨线的变化"一课，我们用毛笔如何能画出生动的墨线，对"墨分五色"含义的了解与表现。学生有了这些美术习惯和墨色变化表现方法的技能，就可以在美术创作的过程中根据自己已有的美术技能知识和技能表现方法，选择最为合适的方法去创作表现，最后达到创意实践和文化理解的目的。作为一个美术老师，不必避讳美术知识和相关技能训练的教学，但是美术基础技能的学习绝对不能成为小学美术教学的最终目标。

其次，课堂实施要创设情境让学生启动审美感知，激发学习兴趣，促进美术技能表现。上教版小学美术三年级第一学期《好看的农民画》一课，要求学生学习表现用农民画的表现形式来描绘我们"新农村"的生活场景。走进教室，学生看到插在瓶中的稻穗，四周教室墙壁上挂着不同瓜果蔬菜的图片，再结合学生的交流，拉近了学生与农村的距离。所以，教师要让学生不断地进入美术作品的画境去理解，在美术情境中运用造型语言，内化美术知识。学生就会运用美术知识去创作表现更多的美丽画面。

再次，在美术课堂实施要尽量增加学生之间的互动。我们现在班级授课制的一个好处就在于学习者之间的互动和影响。美术教学要多增加学生之间的相互交流，特别是在解决教学重点难点的过程中，让学习者多参与，这样教师可以及时了解到学生的学习状况，有的放矢。事实证明，一个积极参与的学习者会获得更好的学习效果，学生也会在这样轻松自如的学习氛围中学到更多。

最后，美术课堂实施要有单元整体推进的意识。上教版小学美术教材每个单元都围绕一个主题与美术要素。比如三年级第一学期第四单元《都市印象》，单元中呈现了"步行街""美丽的路灯""城市雕塑"。《步行街》是绘画结合制作，《美丽的路灯》是综合材料的制作，《城市雕塑》是纸艺的综合创作表现。这个单元的教学内容，首先要做的事情是制作材料的收集，如小纸盒、小塑料瓶、吸管、不同彩纸等，然后根据教学内容合理使用收集到的制作材料。其次还要学习一些设计制作的常识，如"美丽的路灯"和"城市雕塑"首先需要一个安全稳固的底座，然后才能进行创意的设计与表现。通过一个单元的学习，学生对掌握使用材料以及创意表现是一个逐渐提升的过程。还有一个收获是让学生在实践过程中加深了解"感受身边的城市美景""创意表现使城市更漂亮""艺术作品可以提升城市的艺术品位"，学生们不仅有审美感知，还有切实的艺术创作体验，也提高了学生在作品中表达自己创想结果的创作能力。

美术学习不是从教材中学习零碎的知识，而是要遵循教材编者意图，单元整体设计教学，聚焦核心发展要素，发展学生艺术素养。

当然美术教学离不开评价，有效的评价可以在导向引领、激励促进、诊断改进等几方面得以体现，可以有效促进教学目标的达成。可以这么说目标导向的美术教学是一项系统工程，每一位美术教师基于课程标准，要加强对单元设计、对每堂课教学目标的研究，并在不懈的研究和实践中，让美术教学更加符合学生的年龄特点，符合学习规律，让孩子们在美术课堂中更加健康快乐地成长。

参考文献：

[1]尹少淳.全日制义务教育美术课程标准解读[M].北京：北京师范大学出版社，2002.
[2]安德森·布鲁姆等编著，教育目标分类学：分类学视野下的学与教及其测评[M].北京：外语教学与研究出版社，2009.
[3]皮连生.知识分类与目标导向教学——理论与实践[M].上海：华东师范大学出版社，1998.

切实提高小学美术课堂教学环节的有效性研究

【摘　要】对于小学美术学科课堂教学来说，已经从单一的纯技能、以教师为主的教学模式，转化为以学生为主体，教师为主导的多元化模式。根据教学目标，加强美术课堂教学环节有效性研究，为了让学生在有限的课堂教学时间里，既能够学习美术学科本位的知识与技能，培养学生的综合能力，培养学生正确的价值观和审美情趣，所以对提高教学环节设计的有效性研究势在必行。

【关键词】小学美术　教学环节

切实提高美术课堂教学环节的有效性是非常重要的，所谓有效性就是指完成策划的活动和达到策划结果的程度。那么我们小学美术学科教学环节设计的有效性当然就是每一个环节中学生参与活动所达到的学习效果。我们的学生因为来自不同的社会环境，每个人的性格、认知程度、年龄、性别都存在着差异，我们在进行教学设计时，要根据不同的教学内容、不同的学生、不同教学环境以及教师的特点来设计，切实提高美术课堂教学环节设计的有效性。一般来说，美术课堂教学环节的预设要有达标性、实效性等原则。

一、美术课堂教学环节的达标性

每一节课，我们都有教学目标与教学内容，合理的教学目标的设定是一节课成功与否的关键，如何优化各个环节的设计，能够有效达到教学目标的，完成教学任务，那就是美术教学环节设计有效性的基本体现。美术课堂教学的基本环节一般包括"导入""新授""学生练习""展示评价"和"拓展延伸"，可以说是环环相扣。这些环节是了解知识点、学习运用美术技能解决教学重点难点、培养学生综合能力、完成教学任务、拓展学生知识面、达到育人目标的具体实施。通过钻研教材，认真进行教学设计，确定合适的教学目标，并通过对每个教学环节的设计，来完成教学目标。

1. 导入环节的达标性

导入环节，在教学中主要任务是针对三维目标中的知识点学习，并让学生了解今天的学习任务，是必须完成的任务。导入的方法很多，基本围绕表述知识点为目标。导入环节的设计，可以根据学生的年龄特征，根据教学内容，直指知识点和教学内容。其形式较多，如情境导入、谜语导入、开门见山等，其特点就是短时有效，一般时间控制在三分钟左右。导入环节最忌讳就是"绕圈子"和知识点盲目扩大，或者表述不清。

2. 新授环节的达标性

新授环节，在教学中主要任务是针对三维目标中的技能学习和运用，也是小学美术课堂教学必须完成的教学目标。美术课最大的一个特点就是美术所需要的一定技能，这也是美术学科区别于其他学科的一个重要标志，也是解决教学重点和难点的必要环节，这个环节所需的时间一般在十分钟左右。一般来说，新授环节包括美术技能运用、学生进行美术创意实践的基本步骤，对于这个环节的设计，必要针对本课的重点，加强对教学难点的指导。一般有教师示范、师生互动等教学方法。学习美术技能表现这个重要环节，不同的老师会采取不同的方法。有的采取引导学生跟画，有的运用跟画与体验相结合的方法，有的通过引导学生尝试、体验后再进行总结，究竟哪一种方法最为合适，还要看教师、学生以及教学内容的难易度的掌握。如"剪窗花"的折法和花纹剪刻，"八等分"和"六等分"的折法，就需要老师准确的示范。花纹的设计，可以引导学生在可以剪花纹的两边做个记号，避免学生将窗花剪碎，并利用花纹设计小口诀："有大有小，左右互衬"，增强纹饰的装饰感，学生剪出的窗花作品几乎没有失败的。各班级的学生美术技能掌握水平不一样，也可以采取"跟画""独立创作"等不同难度的教学实施。有时只需要一句话，一个手势，未必要去大动干戈，只要能让大多数学生快速掌握相应的美术技能，采取简单有效实用的指导方法，对于新授环节来说，那就是最好的。

3. 学生练习环节的达标性

学生课堂练习环节，也是对过程与方法教学目标的考量，这个目标是发展性目标。学生通过课堂练习，把前面所学的美术技能进行运用，加上学生的思维感知，这个过程对于学生来说很重要。这个环节预留的时间比较长，一般有二十分钟左右，要给学生较为充足的练习时间。这个环节需要教师为学生们制定一个作业目标，从作业量的设置以及对美术作品创作表现达到优秀的综合要求。因为学生的美术学习基础有差异，可以给学生参考一些同龄人的画，或者提供一些和教学内容相关的素材，有利于学生课堂练习的顺利进行。如"昆虫乐园"一课，这节课要求学生用细密的线条表现昆虫的细节，学生平时对昆虫的造型认知比较大众化，一般只有蝴蝶、蜻蜓等，并且缺少近距离观察。通过给学生提供造型各异的昆虫素材，学生对昆虫的细节观察可以更细致，有利于学生在进行课堂练习时的创作表现，从而促进学生观察概括能力和美术技能表现能力的提高。

4. 展示与评价环节的达标性

在我们的教学目标中，有一个"情感、态度与价值观"，这个目标是一个理想型目标，这个环节对于学生们来说，就是以润物细无声的方式提升学生的审美情趣，让学生分享自己在美术实践活动中的收获与快乐，进而影响学生人生观、世界观和价值观，通过美术课达到立德树人的目标。如把爱国主义精神融于我们的绘画内容中，融于我们的艺术语言中，还有我们的民间工艺，让学生在审美感知我国民间优秀的传统艺术作品时，增强民族文化自信。

5. 拓展与延伸环节的达标性

现在的美术课，都在课的最后安排了知识的拓展，既可以拓展学生的知识面，又可以激发学生的探究欲望，应该说这是个很不错的设想。这个环节，是一个具有灵活性的环节，可以根据教学时间的实际情况来设定，一般只有短短的一两分钟，如果时间不顾宽裕，也可以不实施，所以说这个环节的弹性较强。一般来说，拓展与延伸是对本节课知识的延伸，可以引导学生在课后和课外对相关美术知识和技能进行尝试，进而拓展学生的知识面，培养学生的探究学习精神，也可以为下节课的教学做铺垫。如果学生作业完成快，时间够用，这是个很不错的教学环节设计，因此很多老师都不愿舍弃这个环节。可是当时间紧张，为了这个环节而使前面的作业评价大大缩水，没起到相应的作用，或者拓展环节较为拖沓，还拖堂，这样的话这个环节设计就显得有点"鸡肋"了。

二、美术教学环节实施要具有实效性

美术教学环节设计与实施要具有实效性，是指美术学科教学的内容是否符合客观实际，是否反映出美术学科的本质和内在规律，即美术的知识、技能是否正确，是否符合学生的年龄特点和认知规律等，最主要的一点就是教学环节必须做到：

1. "忘记"的环节那就忘记吧

被忘记的教学环节，往往也是最不需要的，因为忘了这个环节，一节课也上下来了。被忘了的课堂教学记的教学环节，往往是执教老师在进行教学设计时，为了使教学看上去更"圆满"。殊不知，环节多了，各环节之间的衔接也就多了，万一心里紧张了，时间也挤人了，于是就"忘"了当初设计的环节。更有一些老师，突然想起了有内容还没有上，赶紧来了个回顾，真是让人啼笑皆非。哪些环节属于可有可无呢？如一些不是重点内容的讨论，就属于比较花哨。由于课堂的时间有限，组织学生讨论，如时间比较富裕，还真能讨论到点上，这讨论也就起到了一定的作用。如果讨论时间很短，也无法讨论出啥结果，这讨论环节就可以省略。

2. "个性"发挥的有效运用

一般来说，很多美术教师的个性使然。不同的美术教师各有专长，对于某些教学内容往往又特别喜欢，总是不愿意舍去。而这些环节往往具有两面性，用得好，那就是特点鲜明；用得不好，那可就"画蛇添足"了。有一位美术教师，特喜欢历史，特别是对一些画家的艺术表现特点了解得特别多，结果原本设计只有一分钟的画家简介环节，愣是发挥了五六分钟，说的是挺好，可是后面的环节时间可就紧张了，以至于不能完成该有的教学任务。

三、结语

我们身处一个不断发展的时代，世界上又有什么艺术新领域，又有什么新的艺术表现方法，又有什么新的绘画材料，我们的学生喜欢什么，想学什么，这都是我们作为美术教师要去不断更新的知识。我们的美术课程标准对于不同年级的学生学习掌握的美术知识技能等要求作了非常明确的指导。作为美术教师，我们在不断学习提高的同时，认真备课，设计好每一堂课，使我们的每一个教学环节都尽可能发挥最大化的作用，从而使我们的美术课堂更精彩。

小学美术教学导入环节的实践研究

【摘 要】有效的小学美术课堂教学导入法,可以让学生快速进入教学状态,了解学习内容。在导入环节中完成知识点的传授,培养学生观察发现的能力,提高审美认知,为教学的持续展开做好铺垫。

【关键词】小学美术 导入

小学美术课堂教学中,导入是引导学生进入教学的开始,好的导入方法,可以吸引学生快速进入学习状态,激发学生的学习兴趣,了解学习内容,对教学任务目标的完成起到关键的作用。教学任务目标,是指三维目标中的"知识与技能",而知识点的传授一般在导入阶段完成。由于在小学美术课堂教学中,导入环节不可能占用很多的时间,所以一定要遵循简单生动有效、主题明确、具有时效性的原则。笔者在日常的美术教学中,常用的导入有以下几种:情境导入法、悬念导入法、开门见山法、现场资源导入法。

一、情境导入法

小学美术课堂教学的情境导入可以是多样式的,可以根据教学内容运用声音、影像、人物环境设置等多种方法实施,所选择的教学资源和设置的情境必须在学生的认知范围内。在上教版小学美术一年级《叽叽喳》课中,先带着孩子们"走进大森林",然后让孩子们带着学习任务去听一听、看一看，大森林里传来了什么声音——各种不同的小鸟的叫声，再慢慢出现不同姿态的小鸟，学生们的学习兴趣一下子就被激发了。利用声音导入的课还有很多，可以是下雨的声音、昆虫的鸣叫声、不同动物的叫声（猛兽、小狗、小猫等），还有一年级教材里"啦啦队"人物的欢呼加油声。在一些课程中，也可以根据教学内容，提前布置好教室环境，把上课要用的教学资源事先安放在较醒目的位置，如上教版美术三年级《好看的农民画》，在带学生进入美术教室上课前，先在教室布置了斗笠、稻穗、挂几串玉米、辣椒，旁边再放几个鸡鸭的标本、一篮水果等，学生一进教室就被今天特定的环境布置吸引了，我问学生，今天走进美术教室感觉像去了哪里？学生说感觉去了农村，进了农家大院，于是好看的农民画由此导入，也为学生学习创作"农民画"提供了较多的素材。

二、悬念导入法

所谓悬念导入法，是利用学生对未知的教学资源的发展变化所持的一种急切期待的心情，对吸引学生的注意力较为有效。小学美术课堂教学的悬念导入法，或将教具装在口袋里，也可以用布蒙盖，从而吸引学生的注意力。在上《素雅的青花瓷》一课时，我用布把青花瓷瓶和青花瓷盘蒙上，先让学生猜一猜，再让学生上来摸一摸，过程中学生对青花瓷的器型、光滑的釉面有一定的体验，等慢慢揭开蒙布后，再引导学生观察青花瓷的纹饰特征，循序渐进，从而加深学生对青花瓷的审美感知。又如上教版小学美术第八册《活泼的小猴》一课，我把一个毛茸茸的小猴玩偶放在一个布袋里，让学生把手伸进布袋通过触摸来判断里面的是什么动物，让学生边触摸，边用语言告诉大家，于是乎"毛毛的""有细细的腿""有耳朵"……当学生说出感觉"有尾巴是细长的"时，有些同学猜出了是小猴，然后打开布袋，揭晓答案，猜对的学生欢乐一片，同时也在过程中完成了对小猴的身体结构，形态特征教学，为后面用水墨画来表现小猴提供了造型基础。

三、开门见山导入法

小学美术课堂教学的开门见山导入法，是最直接的导入法。其优点是让学生直接了解学习内容，掌握技能，节约时间。一般开门见山法需要让学生带着任务去观察发现，可以让学生在观察发现中学会概括表述。笔者在一些水墨画课程教学中，经常运用"开门见山导入法"，如上教版小学美术第五册"墨点的趣味一课"，直接就是让学生体验点墨的乐趣，通过实践再让学生逐渐了解国画绘画工具的一般特性和水墨画的艺术特征，这样可以在有限的课堂教学时间里，让学生有更多机会进行墨点的创作实践，这所谓实践出真知。又如上教版小学美术第六册《刻刻印印学版画》，我直接取出刻制好的版画底版，让学生近距离观察，用手触摸，感知和发现版画底版的凹凸感，再引导学生尝试用滚筒上油墨，覆盖上印纸，磨压拓印，揭纸成画，学生的实践欲望顿时被激发。这种以实践性操作的开门见山导入法，对学生较快掌握绘画技能、激发学生创作乐趣有着较好的教学效果。

四、现场资源导入法

小学美术课堂教学的现场资源导入法对老师的要求较高，首先要求老师对今天的教学内容有充分的准备，其次老师要有较强的洞察力，及时发现教室中的教学资源有利于今天教学的开展。如上教版小学美术第三册《用色彩画心情》一课，走进教室的一刹那，我发现教室里有学生今天的服饰色彩比较多，都是一些几何形色块，于是就成了今天教学的导入资源。我请学生上前，引导学生观察，并请这件衣服的主人说一说穿上这件衣服时的心情，小朋友回答说："她觉得这件衣服的色彩多，而且都是比较亮丽的颜色，感觉心情很好。"我接着又问，如果换掉几个明快的颜色，你会觉得怎样？有同学回答："感觉色彩没有前面亮丽，没有那种好心情的感觉。"现场资源导入法的好处就是学生的参与积极性高，让学生感觉到我们所学的美术，在孩子们的生活中处处得以体现。还有一次，我进教室上课，黑板上还遗留着上一节语文课的板书，正巧看到板书的内容是"悠悠"，和今天美术课教学的内容有点接近，我把急着上来擦黑板的学生请回座位，开玩笑地对学生们说："老师今天接着上语文课。"我问学生，刚刚所学的"悠悠"两个字的含义是什么？学生们回答："安闲、闲适的样子、悠然自得。"哦，那老师再添上几个字，大家再来说一说，于是在悠悠后面添上"的小船"，那你们觉得这艘小船应该是什么样子的？学生们纷纷回答："舒适的""小巧的""自由自在的""精致的"……哦，那我们今天就来学习"泥塑——悠悠的小船"。让学生了解了我们的美术课不只是学习美术技能，而是通过作品表现其丰富的内涵，于是这堂课的作业要求在造型生动、结构准确，细节描绘精致的后面，我加了一句：谁做的泥塑小船最"悠悠的"。

教学导入法多种多样，由于教学内容的多样性，每个老师的教学风格存在一定的差异性，每个班级的学生也是各不相同，导入法的运用也要根据实际情况来实施。导入过程最讲究实效和时效，要避免无谓的浪费时间。不同教学内容，运用不同的导入方法，会使美术课堂越来越精彩。

参考文献：
[1]王大根.美术教学论[M].上海：华东师范大学出版社，2000.

小学美术教学中的"比较法"运用的实践研究

【摘　要】"比较法"是小学美术课堂教学实践中经常用到的教学方法，通过引导学生对所要表现的对象进行比较，找到适合画面造型位置、大小、色彩表现的方法和美术技能地合理运用，使造型更生动，画面更精彩，既提高了教学时效性，又使学生的审美感知能力、观察发现能力和创作实践能力得到一定的提高。

【关键词】小学美术　比较法　教学

在小学美术教学实践中，有很多教学实施的有效方法，其中"比较法"是笔者经常用到的而且教学实效较好的一个教学方法。

一、小学美术教学"比较法"的应用价值

从逻辑学的角度来说，"比较"是指确定对象之间差异点和共同点的逻辑方法。而小学美术的比较法运用，可以让学生通过观察和实践，在短时间内对画面中的造型表现、构图运用，色彩感受、技能运用等方面做出必要的判断，从而提高美术教学的课堂时效性，对小学美术知识点和美术技能的掌握运用起到事半功倍的效果，进一步培养学生的观察发现和审美表述能力。不过，比较法在教学实施的过程中，必须遵循"差异大""辨识度高"和"易表述"的实施原则，这样才能行之有效。

二、小学美术教学"比较法"的实践应用

在小学美术教学实践中,"比较法"的运用要结合具体教学内容,从整体到局部,让学生先对整体内容有基本了解,然后再加深对局部知识的印象。其次教学中先让学生从整体上了解相关美术知识,了解基本特征,再具体到艺术表现的细节部分。

1. 造型比较法的运用

美术又称造型艺术,在小学美术教材中包括了绘画、雕塑、剪纸、工艺等多方面,其特点可以说是多种多样,有写实表现、有简洁夸张、有变形,可以说是五花八门。针对教材和教学实践运用,运用造型比较法,让学生对造型特点及时了解,加深印象。如上教版小学美术第三册《侧面的头像》一课,其主要是观测人物侧面五官的变化,对侧影起伏的描绘,并抓住人物的特征,从而较准确地画出侧面人物头像。在教学实施过程中,学生在表现侧面人物后脑勺时,会在不经意中少画一块,而且是大多数学生都会在绘画过程中发生这一情况。为了有效解决这个问题,我运用造型比较法,通过人物侧面图片,再加上两张学生作品引导学生观察,发现问题,再通过教师的添加演示,很快解决了"后脑勺缺少"的问题。

2. 构图比较法的运用

构图是一个美术学科的术语,即绘画时根据教学内容和艺术表现主题的要求,把要表现的形象进行适当地组织,构成一个协调的完整的画面。小学生对构图表现的掌握一般都比较欠缺,缺少整体构图意识,通常以局部造型为主。为了有效解决教学中构图大小、构图位置的问题,采用构图比较法是较为有效的一种教学方法。如上教版小学美术第七册教材里《类似色的风景》一课,本课要求先画出简单的景物,再用类似色进行表现。

为了使画面中风景表现层次丰富，运用画面中位置线和景物合理安排，教师出示两张作品，引导学生观察分析，学生一致认为图二的风景表现层次更丰富、画面更好看，加上教师适当的示范和指导，学生一下子就掌握了风景画层次丰富的表现方法，简单有效地解决了教学中的难点。

3. 色彩比较法的运用

色彩是美术中最有表现力的要素之一，是能引起我们共同的审美愉悦的、最为敏感的形式要素，对人的心情也会产生影响。小学美术教学中有三原色、三间色、冷暖色、对比色、类似色和渐变色等较多的色彩运用的课堂实践。学生有自己喜欢的色彩，有时会忽视教学中所要求的色彩表现要求，所以合理运用"色彩比较法"，可以帮助学生更好地了解色彩的表现力。如上教版小学美术第三册《色彩的冷暖》一课，笔者引导学生观察教室里的浅蓝色窗帘，然后再利用多媒体出示一样的教室"橙色"窗帘，学生们在惊讶教室窗帘变色的时候，同时也感受到了不同颜色窗帘对环境和人物心情的影响，很显然，学生对色彩"冷暖"地表现力马上有了直接的感受。还有《有底色画》一课，笔者通过设置"古朴""明快"的两种底色，让学生选择配上"水乡"和"都市"的画面，强烈的视觉差，让学生很容易判断出水乡的"古朴"和都市的"明快"。色彩比较法，对于引导学生选择适当的颜色来表现画面，可以起到事半功倍的效果。

4. 技能比较法的运用

小学美术的美术技能一般是指在美术教学创作实践中所要掌握的绘画、泥塑、纸艺、剪刻等相关美术创作技能，学生在美术课程实践中，需要根据课程内容，学习掌握相关的创作技能，美术课的技能学习也是和其他学科最大的一个区别。美术技能比较法，就是指在美术创意实践中，通过比较，找到更适合美术表现的美术技能，使学生能够更快更好地掌握美术技能，从而提高美术教学的课堂实效。如小学低年级的涂色练习，涂色是小学生绘画中常用的技能，如何涂色才能又快又均匀？笔者从学生的作业中挑出具有代表性的作业引导学生分析，一个是在同一处反复涂，用力不均匀，画面显得有点凌乱；还有一幅画涂色保持着同一个方向，用力均匀，色彩块面轮廓清晰。通过这种涂色差异性的比较，学生很容易就了解如何涂色才能使画面更好看，当然小学生涂色技能的提高需要不断的实践练习，但是掌握正确的涂色方法是提高技能表现的前提。

三、结语

为促进"比较法"得到更好应用，教学中还需要注意以下几个细节。在引导学生进行比较时，教师的示范和讲解要及时跟进，并对其教学内容、知识领会和技能表现加以概括和总结。小学生对美术相关知识、技能学习、掌握和运用不会是一帆风顺的，需要教师在平时的教学活动中不断提高教学的有效性，提高学习效率，在有限的时间里让学生通过创意实践，提高学生知识应用能力和综合技能运用能力。

参考文献：
[1]王大根.美术教学论[M].上海：华东师范大学出版社，2000.
[2]钱初熹.美术教学理论与方法[M].北京：高等教育出版社，2005.

小学美术基础教学中剪纸艺术的实践研究

【摘　要】聚焦剪纸艺术的表现力、文化传承与教育价值，挖掘教材的剪纸课程，以现代化的教学方法、丰富的剪纸艺术网络资源为保障，深化剪纸艺术教育教学研究，丰富小学美术基础教育课程，提高小学生对剪纸艺术的感知、审美与实践创作，让古老的剪纸艺术在中华大地上绽放光彩。

【关键词】小学美术　剪纸

剪纸，是重要的中华民族民间传统文化。小学美术剪纸教学，是培养学生学习剪纸的审美感知、剪纸造型能力的主要方式，对促进学生的全面发展起着比较重要的作用。笔者对上海教育出版社出版的小学美术教材相关剪纸内容进一步挖掘，聚焦"中国剪纸艺术的艺术表现"的核心内容，结合"剪纸现代化"基于美术学科四大核心素养的全面落实，笔者运用了美术实践"四步曲"教学法，即：欣赏感受—实践体验—审美表述—自我评价，对小学美术剪纸教学进行进一步的研究与实践。

一、剪纸艺术的教育价值体现

中华大地，泱泱上下五千年，创造了许许多多的优秀民族文化，其中在中国民间流传广泛的剪纸艺术，其魅力主要表现在三个方面：1. 艺术性——剪纸作品独特的"刀味纸感"；2. 地域性——剪纸作品通俗易懂又极富地方特色；3. 时代性——剪纸作品题材反映着时代的变迁与进步。挖掘和体现剪纸艺术的教育价值，运用于小学美术教学中，对进一步提升学生的审美情趣、发展学生美术学科核心素养、达到以美育人的教育目标有着重要的促进作用。

（一）育人价值

1. 文化传承

剪纸艺术之所以流传至今，是因为这门艺术根植在中华大地上，具有极大的基础性和广泛性。因为材料简单，流传于民间，于是在民间诞生了库淑兰等凡人剪纸大师，他们"以象寓意""以意构象"来造型，而不是根据客观的自然形态来造型，同时，又擅长用比兴的手法创造出多种吉祥物，把约定成俗的形象组合起来表达自己的心理。民间剪纸之所以可以长久广泛的流传，纳福迎祥的表现功能是其主要原因。人们祈求丰衣足食、人丁兴隆、安康长寿、万事如意，这种朴素的愿望，便借托剪纸传达出来。可以这么说，通过剪纸艺术，可以更深一步了解中国的民俗习惯，对中国民间文化的传承与发展起着重要的作用。

2. 质朴之美

剪纸艺术体现了中国民间造型艺术的质朴之美，在引导学生欣赏剪纸作品时，学生们的回答很是有趣，"造型很生动，感觉很亲切""怎么可以剪刻得这么细腻？！""纹饰特别多"……正是因为剪纸艺术根植于民间，其创作者大多是普通人，其内容形式很容易被大多数人接受。剪纸艺术以其"质朴之美"，让孩子们感受到了平凡、普通，也是一种美。

（二）教学价值

我曾经做了一次小调查，在"你最喜欢的中国民间艺术"的勾选中，选择剪纸艺术的比例高达70%以上，可以这么说，很多孩子喜欢剪纸艺术。一般在小学中实施剪纸教学从二年级以上开始实施，主要原因是考虑安全因素，毕竟剪纸课程实施需要用到比较锋利的剪刻工具，低年级比较适合用安全的剪刀，高年级可以剪刻结合。

以剪纸艺术作为教学内容的课程，是基于课程标准三维目标的设计，主要是拓展知识面、加强审美感知、对剪纸技能的掌握，从而激发学生学习剪纸创造的乐趣，提高学生审美情趣，融合德育渗透，因此剪纸课程有着不可替代的地位。举一个简单的例子，就拿中国民间最常见的"剪窗花"来说，我们上海的学生，见到窗花最多的，就是现在婚庆的场面，大红色"双喜"窗花，配上吉祥如意的图案，烘托着喜庆吉祥的气氛。孩子们通过最常见的窗花，了解了"剪纸艺术"以形寓意的艺术表现特色，同时通过老师的示范，观赏剪窗花小视频，了解窗花折剪的基本方法，于是不亦乐乎。虽然二年级的孩子还比较小，剪出的窗花显得有点稚嫩，但是体会到了"剪窗花"的乐趣是最主要的，也为以后的剪纸创作打下了一定的基础。

（三）综合能力价值

笔者所在的学校是以信息技术为特色的学校，同时也是浦东新区艺术特色学校，我们的学生具有一定的信息技术能力。我们剪纸艺术课程活动需要丰富的教学资源，现在的网络资源也非常丰富，为剪纸艺术课程在校园里实施提供了强有力的保障。在探究型的以剪纸艺术为题材的美术综合实践活动中，通过现代丰富的剪纸艺术的造型材料，学生可以多元体验剪纸造型的创造手法。通过"四步曲"：欣赏感受（发现剪纸艺术中动物造型的艺术概括夸张的造型特征）——实践体验（剪纸造型的设计与纹饰的运用）——审美表述（设置情境，剪纸作品的展示与分享）——自我评价（在活动过程的收获与反思），使学生的综合素养得到了进一步提高。

二、教材中与剪纸艺术相关的内容的基本情况

以下是我们上海小学所使用的上海教育出版社出版的、与剪纸艺术相关的课程内容以及所需课程资源的统计（表1）：

表1

序号	教学内容	知识技能要求	数字化资源要求
1	上教版第三册《连续的图形》	折剪花边、设计图形	剪纸欣赏图片、折剪的步骤视频、图形的设计（网络资源+图片+视频）
2	上教版第三册《剪剪小窗花》	折法、图形组合	多种折法的视频、图形设计视频（网络资源+图片+视频）
3	上教版第六册《剪出来的动物》	动物造型和纹饰运用	多种动物造型动态和纹饰运用（网络资源+图片+视频）
4	上教版第六册《剪出来的人物》	生动的人物动态造型	人物的结构动态图片以及服饰的基本表现方法（网络资源+图片+视频）
5	上教版第六册《剪出来的成语》	根据成语情节设计和剪出造型	故事情节表现以及适切的造型组合（网络资源+图片+视频）
6	上教版第七册《套色剪纸》	剪纸造型和纹饰套色装饰	套色剪纸欣赏、造型纹饰运用以及套色的一般技能（网络资源+图片+视频）

从以上统计表中不难看出，上教版中以剪纸艺术作为教学内容的课程较少，加上课时（35分钟）较短，小学美术课程中"剪纸艺术"和学生的动手能力所表现出来的剪纸艺术造型，很难与"剪纸艺术"在中国文化历史艺术地位相匹配。

在我们美术课程标准（2011版）的几大领域中，用好剪纸艺术的教育资源，可以使我们的美术课堂更多元化，使传统文化更好地与现代美术

教育渗透与融合。

（一）剪纸艺术在"造型·表现"领域的实践运用

剪纸艺术，就是造型艺术的一种，其题材内容称得上包罗万象。就拿孩子们最喜欢的动物造型来说，十二生肖可谓与每个中国人息息相关，其造型变化多，纹饰运用也极为广泛，有造型简单的小猪、小狗、小兔、小老鼠等，也有难度较大的龙的造型，更是考验孩子们的创作耐心。剪纸的形式一般有三种：阴刻（图1）、阳刻（图2）和阴阳互衬（图3），如何合理运用剪纸的造型表现技能，也是对学生创作能力的一种考验。只有在实践中不断学习运用，才能做到熟能生巧。学生的美术作品必须符合学生身心发展的一般规律，让更多的学生对剪纸造型艺术感兴趣，再通过运用一定的剪纸技能表现多种剪纸艺术造型，鼓励学生积极参与到美术活动中来，从而拓展到更多的艺术造型领域。

图1　　　　　　图2　　　　　　图3

（二）剪纸艺术在"设计·应用"领域的实践运用

剪纸艺术虽说是民间艺术，其生活"实用性"和"艺术性"的两大特征也符合"设计·应用"的基本要求。笔者引导学生观察我们的生活空间，我们的剪纸艺术造型成果可以运用在哪里？学生们在接到任务以后，经过探究实践，纷纷展示了他们的设计结果：剪纸造型可以用于校园里的雕塑，也可以作为生活里一些器皿的装饰，如杯子、灯罩等，通过学习也体验了一把传统民间艺术造型与现代设计相融合。

（三）剪纸艺术在"欣赏·评述"领域的实践运用

"欣赏·评述"领域，对我们引导学生如何欣赏剪纸艺术的美、感受剪纸艺术的独特魅力提出了要求和考验。三年级第六册《剪出来的成语》这一课，要求学生不仅要剪纸表现，还考验学生从千万个成语故事里挑选出适合剪纸表现的成语故事，然后再根据成语进行造型设计、构图安排，最后才能有效地把成语故事通过剪纸的形式表现出来，这是民间艺术和文学知识的完美体现。"剪纸艺术"为内容的小学美术基础课程，其形式与内容非常丰富，非常有利于提高学生的审美情趣和欣赏评述能力。现在的展示平台已经不局限于美术课堂，信息化平台为"欣赏·评述"提供了更大的空间。我们的学生可以在平台上发布亲手剪刻的剪纸作品，分享创作设想，也可以对平台上其他同学的剪纸作品提出自己的看法。对于我们的学生来说，会欣赏、会评述是一种了不起的能力体现。审美能力的提高，对于学生今后的发展来说，可以说是一生受益。学生也会通过剪纸艺术，将视野转向更多的民间艺术，更好地去感受祖国艺术文化的璀璨文明。

（四）剪纸艺术在"综合·探索"领域的实践运用

"综合·探索"领域，能让学生通过美术学科的探究性活动，逐步学习了解不同学科之间的联系。"剪纸艺术"记录着中国民间丰富的节日活动，记录着人们对美好生活的向往。在传统文化价值不断体现的今天，了解历史，通过观察身边的生活环境，以及结合学生学习生活中不同学科的相关知识，开阔学生视野，拓展想象的空间。作为一名艺术教育工作者，要积极寻找美术学科与不同学科、多元知识的"桥梁",设计出更多的具有五育并举特征的"探究性"课程,运用"项目化"等课程实施方法,提高课程实施效率,真正做到美育必须融合在学生的生活、学生的心灵世界中,从而更好地让学生身心健康成长。

三、与剪纸艺术相关内容教学实施的延伸和建议

下表内容是经过挑选,可以补充到现有上海教育出版社小学美术教材里和"剪纸艺术"相关的学习内容。

序号	教学内容	知识技能要求	数字化资源要求
1	上教版第三册《昆虫乐园》	昆虫造型的变化和折剪纹饰运用	多种昆虫的造型、剪刻步骤和纹饰运用
2	上教版第五册《恐龙乐园》	恐龙造型的变化和折剪纹饰运用	多种恐龙的造型、剪刻步骤和纹饰运用
3	上教版第五册《素雅的青花瓷》	青花瓷造型的变化和折剪纹饰运用	多种瓷器的造型和纹饰的设计与剪刻
4	上教版第六册《有特征的头像》	头部造型以及结构块面处理	人物头像的造型与剪刻
5	上教版第八册《小邮票大世界》	邮票图案的剪纸化作品	邮票的基本元素设计组合和剪纸造型运用
6	上教版第九册《都市情怀》	建筑造型的剪纸化表现	城市的建筑造型设计与剪刻
7	上教版第十册《京剧脸谱》	脸谱造型的剪纸化表现	脸谱的造型运用与剪刻

选择这些内容作为美术基础课程的补充,首先要考虑根据不同单元要求,选择合适的内容进行补充。如二年级"昆虫乐园",这课要求学生根据昆虫的"头、胸、腹加上一对触角、两对翅膀、三对足"的基本造型

特征，先设计出造型生动的昆虫外形，然后运用一些简单地纹饰，如花形纹、锯齿纹、弧形纹等合理地表现昆虫的结构与装饰，运用"先小后大""先里后外"的基本剪刻步骤，特别是昆虫触角、翅膀纹样的运用，"阴刻阳刻"的对比运用，作品可以是质朴粗犷、可以是细腻，也可以是变形夸张的美的表现。又如《都市情怀》一课，上海的城市建筑日新月异，剪纸艺术也可以采取剪贴的方式，每个学生剪刻出造型各异的都市建筑，就像上海有老房子、有摩天大楼，还可以运用套色剪纸的技能，最后再用剪贴组合的方式进行组合，一幅漂亮剪纸形式的"都市情怀"作品就诞生了。

小学美术基础课程中的"剪纸艺术"内容的补充，使我们的教学内容更为丰富，形式变化更多，可以不断提高学生审美情趣，体验艺术形式的多样性。

四、丰富的资源是剪纸艺术进入小学美术基础课程的保证

作为在中华大地流传最为广泛的民间艺术，剪纸艺术的资源非常丰富，特别是现在的网络资源，剪纸艺术网站为学校开展"剪纸艺术"课程提供了资源保障。如较有特色的有：剪纸艺术网 http://paper-cut.com.cn/、唐花剪纸 http://www.tanghuajianzhi.com/。这些剪纸艺术网站为教学提供了较多的剪纸艺术作品和相关创作资源。

新时代的学校美育，不是单一的，而是融合了学校各种综合活动，"剪纸艺术"融合在学校的教育教学活动中，让孩子们在丰富而多元的艺术海洋里遨游，让我们的传统文化从小就在孩子们的心里生根发芽，让孩子们把我们的中国风采通过"剪纸艺术"传向世界。

参考文献：

[1]百度百科 剪纸艺术[2022-10-20]：
https://baike.baidu.com/item/%E5%89%AA%E7%BA%B8%E8%89%BA%E6%9C%AF/807553?fr=aladdin

[2]百度百科 美术课程标准：
https://baike.baidu.com/item/%E7%BE%8E%E6%9C%AF%E8%AF%BE%E7%A8%8B%E6%A0%87%E5%87%86?fromModule=lemma_search-box

小学美术水墨画教学实践研究

【摘　要】通过小学美术教材里水墨画的课程学习不同的水墨表现技能，让学生在水墨画教学实践中，学习水墨画的一般技能运用以及水墨造型的塑造，感受水墨画创作的乐趣，同时进一步感受中国传统水墨的魅力。

【关键字】小学美术　水墨画　技法

水墨画是中国优秀传统文化的一种艺术形式，其对中华文明的传播起到了巨大影响力。我们的学生在平时接触到水墨画的机会并不多，而学校美术教育是传播中国优秀文化的主阵地，利用好我们的美术课堂教学，让学生们慢慢了解水墨画，熟悉我们的"笔墨纸砚"，学习并能运用一些较为简单的水墨技法进行美术创作，更重要的是，通过水墨画课程的实施，进一步培养学生核心素养的形成，增强文化自信，达到育人目标。

一、教材里的水墨画课程

水墨画[1]是由水和墨调配成不同深浅的墨色所画出的画，是绘画的一种形式，更多时候，水墨画被视为中国传统绘画，也就是国画的代表，也称国画、中国画。水、墨是国画的起源，以笔墨运用的技法基础画成墨水画。线条中锋笔、侧锋笔，顺锋和逆锋，点染、擦、破墨、泼墨的技法。在中国画中，以中国画特有的材料之一——墨为主要原料加以清水的多少引为浓墨、淡墨、干墨、湿墨、焦墨等，画出不同浓淡（黑、白、灰）层次，别有一番韵味称为"墨韵"。画成作品，题款，盖章，就是完整的墨水画作品。基本的水墨画，仅有水与墨，黑与白色，但进阶的水墨画，也有工笔花鸟画，色彩缤纷。后者有时也称为彩墨画，是水墨为主的一种绘画形式。笔者对目前使用的上教版小学美术教材里的水墨画课程做了以下统计：

年级	教学内容	技法运用
三年级 上教版小学美术第五册	墨点的趣味	水泼墨 墨破水
三年级 上教版小学美术第五册	墨线的变化	中锋、侧锋的运用 以及墨色的变化
三年级 上教版小学美术第五册	水墨游戏	点墨、墨线 以及泼墨的综合运用
三年级 上教版小学美术第六册	彩墨瓶花	中锋勾勒，侧锋表现 花朵、叶片的运用
三年级 上教版小学美术第六册	游动的鱼	中锋勾勒，侧锋表现鱼鳍、鱼尾以及彩墨的运用
三年级 上教版小学美术第六册	有趣的池塘	墨色变化，以及中锋侧锋的综合运用
四年级 上教版小学美术第七册	用水墨来画树	中锋勾勒，侧锋表现树叶以及树皮皴法的运用
四年级 上教版小学美术第七册	汉字变成画	中锋浓墨表现汉字造型以及画面背景墨法的综合表现
四年级 上教版小学美术第八册	我们的朋友	中锋勾勒造型 以及墨彩的变化
四年级 上教版小学美术第八册	活泼的小猴	造型表现、侧锋运用 以及水墨交融
五年级 上教版小学美术第九册	彩墨花卉	侧锋表现花卉彩墨 变化的运用

（续表）

年级	教学内容	技法运用
五年级 上教版小学美术第九册	彩墨风景	中锋、侧锋以及景物表现水墨技法的综合运用
五年级 上教版小学美术第十册	彩墨戏剧人物	中锋勾勒，戏剧人物表现以及渲染的综合体现
五年级 上教版小学美术第十册	彩墨人物写生	中锋勾勒，人物造型表现以及渲染的综合体现

从以上统计可以看出，小学美术水墨画课程主要以中高年级为主，在三年级里有6课时，四、五年级里分别只有4课时，可以说在整个教材里所占的课时比例较低。其原因主要是水墨画材料的特殊性，往往需要比较宽敞的专用教室，每次上完课还需要对绘画工具进行清洗，所以更适合年龄大一点的学生。其次水墨画的学习，要建立在学生掌握一定造型能力和一定的美术知识的基础上才能有效实施。

教材里的水墨画课程，一般以写意表现为主，对墨线的表现要求相对较低。其内容形式内容从三年级开始，学习基础的墨点、墨线和尝试渲染到五年级运用水墨表现动物、人物、静物和景物，和传统的水墨画（山水画、花鸟画等）的差异较大。可以这么说，教材里所选用的水墨画课程内容，体现了教材的人文性、水墨特点鲜明，而且易教学、资源丰富、贴近学生生活等特点，有助于学生感知水墨画的艺术语言，并逐步通过水墨画的创作实践慢慢加深对传统文化的理解。

二、小学美术课堂水墨画教学实践

小学美术课堂的水墨画教学，是一般以课堂教学为主的普及化教学，也有以兴趣为主适当提高水墨技能表现的水墨画社团。其总体目标就是在了解所要表现的造型内容、表现特征的基础上，学习运用水墨（彩墨技法）来进行水墨的创作。并在教学实践过程中感受多元化的造型美，品味笔墨的丰富变化，激发学生对传统艺术的学习热情。小学水墨画教学根据其学习内容，主要采取以下几种形式：

1. 游戏为主的水墨画教学

水墨游戏，一般适合低中年级的学生。学生刚刚开始接触水墨画，对水墨画工具以及水墨表现还不熟悉，通过水墨游戏，让学生渐渐熟悉水墨画，培养学生对水墨画的学习兴趣，了解宣纸（生宣）的习性。就拿上教版小学三年级的"墨点的趣味""墨线的变化"和"水墨游戏"来说，就是用水墨来作画，配以简单的表现技能，其目的就是初步了解水墨画，知道水与墨色的关系，尝试"破墨"画点，中侧锋的运用画线和"点、线、染"综合运用的水墨游戏。一般来说以水墨游戏为主的教学，更注重学习兴趣的培养，让学生反复尝试水墨交融的变化，在实践过程中不断观察水墨的变化。不过水墨游戏也要有一定的规则，而不是任由学生随意涂鸦，而是在教师的引导下的水墨游戏，如水和墨的适量添加，特别是一些生成性资源，教师要及时发现，引导学生观察，帮助学生一起来分析水和墨的关系以及运笔过程中产生不同的水墨效果。教师要及时了解学生的学习状况，让学生大胆表述游戏中的水墨效果，及时总结，为今后水墨画学习打下基础。由于水墨画在实践过程中需要不少工具，教师也要注重培养学生养成爱护学习用品的好习惯。

2. 临摹为主的水墨画教学

传统意义上的水墨画临摹，是指按照原作仿制绘画作品的过程，很多优秀的画家在成长过程中都曾经有临摹的经历。水墨画教学的临摹，简单地说有两大好处，首先可以拓展知识面，了解更多的国画知识，知道更多的中国画大师，如齐白石、吴冠中、张大千、林风眠、关良等，感受不同的水墨画创作风格，拓展了学生的艺术视野。其次可以通过对大师们作品的临摹,学习掌握基本绘画步骤,学习大师的构图,提高水墨技能运用。在临摹的过程中,教师可以利用网络资源收集这些国画大师的绘画视频,看看大师是如何运用水墨,让画面变得气韵生动。小学美术水墨画教学的临摹,一是对绘画过程中基本绘画步骤和笔墨运用的临摹,二是对画面整体的临摹,基本属于体验式"临摹"。在整个水墨画学习过程中,教师要善于帮助学生及时总结,运用好教学评价,多鼓励学生。同时,教师也要让学生了解画面背后的故事,学习大师们对待艺术创作的态度,不怕困难,培养学生耐心细致的学习习惯和态度。

3. 写生为主的水墨画教学

写生一般指直接以实物为对象进行描绘的作画方式,学生们对于写生并不陌生,在小学低年级中就有一些写生实践课程。水墨画写生,是在学生已经具有一定的写生造型能力和水墨表现能力的基础上才能有效实施。如上教版小学美术第十册《彩墨人物写生》就是在学生已经学习了人物写生的基本步骤、了解了人物一定的结构比例的基础上进行教学实践。在教学中教师要注意引导学生观察发现写生中人物不同结构的笔墨表现,一般可以先用铅笔在宣纸上以基本型构图定位,再用笔墨进行表现。刻画头部细节特别是五官时,一般用浓墨中锋比较肯定的线条特征来表现五官,并注意人物脸部特征的表述。在表现服饰时可以中侧锋同时运用,注意线条和墨色的变化,在添加背景时运用大笔侧锋加以渲染,使画面造型生动,主次分明,墨色层次丰富。在教学实践过程中,教师一定要多示范,水墨画教学中教师课堂示范,其直观效果对学生的帮助很大。

三、结语

小学生学习水墨画的优势在于丰富的想象力和创造力,我们的学生正处于学习水墨画的黄金阶段,学校和老师要为学生多创设一些水墨画实践课程,这样更有利于激发和保持学生的学习兴趣,逐渐形成文化理解能力,为中国传统文化的传承和持续发展奠定基础。

[1]百度百科:https://baike.baidu.com/item/%E6%B0%B4%E5%A2%A8%E7%94%BB/201144?fr=aladdin

小学美术写生教学的实践研究

【摘　要】写生在小学美术教学课程体系中占有比较重要的地位，对培养和提升小学生的核心素养起着重要的作用，笔者从对写生教材的分析、课前的准备、写生的形式、方法步骤以及评价的实施的阐述，对小学美术写生教学进行了较为全面的实践研究。

【关键词】小学美术　写生

写生[1]是直接面对对象进行描绘的一种绘画方法，以小学美术教学来说，基本有"风景写生""静物写生"和"人物写生"等几种根据描绘对象不同的分类。可以这么说，写生对于学生感知自然、培养观察能力、发现生活中的美，并能学习运用综合绘画技能进行表现，对于促进学生核心素养的培养和提高，起着至关重要的作用。上好写生课，也是一个美术教师专业素养的体现。为了有效提高小学美术写生教学的质量，笔者基于上教版小学美术教材，对小学美术写生教学从以下五个方面作了进一步的实践研究。

一、小学美术教材的写生教学内容

笔者在现行的小学美术教材里（这里所指的教材，是指上教版小学美术教材），以写生和接近写生作为课程形式的内容做了一个统计（表1）：

表1

序号	年级版本	教学内容	写生对象	表现形式
1	一年级 上教版小学美术第二册	正面的头像	人物	线描+色彩
2	二年级 上教版小学美术第三册	侧面的头像	人物	线描+色彩
3	二年级 上教版小学美术第三册	昆虫乐园	其他	线描+色彩
4	二年级 上教版小学美术第四册	写生小书包	静物	线描+色彩
5	二年级 上教版小学美术第四册	我喜欢的玩具	静物	线描+色彩
6	三年级 上教版小学美术第五册	身边的方形物体	静物	线描+色彩
7	三年级 上教版小学美术第六册	迷人的细节	静物	线描+色彩
8	三年级 上教版小学美术第六册	画画我的鞋子	静物	线描+色彩
9	三年级 上教版小学美术第六册	我喜欢的自行车	静物	线描+色彩
10	四年级 上教版小学美术第七册	我们来画树	景物	线描+色彩
11	四年级 上教版小学美术第七册	写生身边的风景	景物	线描+色彩
12	四年级 上教版小学美术第七册	写生小瓶罐	静物	线描+色彩
13	四年级 上教版小学美术第八册	老师和同学	人物	线描+色彩
14	四年级 上教版小学美术第八册	画画坐着的人	人物	线描+色彩
15	五年级 上教版小学美术第九册	写生建筑模型	静物	线描+色彩

（续表）

序号	年级版本	教学内容	写生对象	表现形式
16	五年级 上教版小学美术第九册	上海弄堂	景物	线描+色彩
17	五年级 上教版小学美术第九册	跨越时代的桥	景物	线描+色彩
18	五年级 上教版小学美术第十册	有层次的风景	景物	线描+色彩
19	五年级 上教版小学美术第十册	美丽的水乡	景物	线描+色彩
20	五年级 上教版小学美术第十册	彩墨人物写生	人物	彩墨画

通过（表1）可以看出，以写生分布在五个年级，中高年级的写生课程较多。从教材小学生进行写生教学的内容分布可以看出，随着学生年级的增高，学生对美术知识和技能的储备增加，写生的内容、形式和难度也随之增加。

低年级的写生对象一般以学生身边最为熟悉书包、写字为主，中高年级的写生内容较为丰富，其中还包括了人体的比例、圆面的透视、平行透视和成角透视等美术专业知识，对画面构图、造型结构表现的准确性提出了更高的要求，应该说这也符合学生的发展要求。

二、小学美术写生教学的准备

跟其他的美术教学一样，写生画教学也要做好前期准备，正所谓有备无患。美术老师在组织学生进行写生之前，通常要做好以下四项准备：

1. 写生之前的知识储备

对于小学生来说，特别是小学低年级学生，美术作业以创意表现为主,突然面对写生,有一些学生会有一点不适应,那就需要老师在课前帮助学生进行知识储备,如在欣赏一些画作时,可以告诉学生,有些作品是面对实物进行艺术表现的,这种方法叫作写生,也可以让有写生经验的学生做个简单的介绍,这样学生面对写生就不会感到陌生了。

2. 写生之前的行规教育

带学生写生,有的在室内,有的在室外,有时还会改变教室环境,采取围坐的形式;有时还会拿着小画板,可以自由挑选绘画的角度。上课形式的改变会让小学生注意力分散,影响教学效果。所以,在写生教学实施之前,特别是室外写生,要提前对学生做好行规教育。如对"模特儿"的尊重、挑选绘画角度时互相谦让、互相帮助、不能吵闹、听从老师的指挥。

3. 写生之前的实地考察

作为美术教师,在组织学生进行写生教学之前,特别是实地室外写生,一定要进行实地考察,确保所有学生都在老师的视野范围内,在学生安全的前提下,根据写生教学内容需要,选出适合学生进行写生活动的场所。

4. 写生之前的设备检查

任何美术教育教学活动,都要确保安全。写生中用到的画架、画板等绘画用品,都要检查一下,如发现画板有开裂、画凳不够稳固等问题,都要及时解决,避免在使用过程中发生意外。

三、小学美术写生教学的基本形式

小学生的写生,根据绘画内容进行构图基本作品,最后的呈现形式一般有线描、单线涂色、色彩写生和水墨写生等几种,根据写生对象与形式,同时也要考虑学校的实际情况,一般来说,小学美术写生课程教学可以分为实物写生、实地写生和照片写生。

1. 实物写生

实物写生,一般包括人物写生和静物写生,其主要特点就是熟悉度,人物就是学生比较熟悉的人物,可以是同学、老师或者家长,如"正面的头像""侧面的头像""老师和同学""画画坐着的人"和五年级的"彩墨人物写生";静物,就是学生比较了解的生活用品,如"写生小书包""我喜欢的玩具""迷人的细节""写生小瓶罐"等教学内容。挑选学生熟悉的"人"或"物"作为学生的写生对象,是基于学生对"他们"的熟悉,对他们的特征、造型结构都比较熟悉,这样更适于学生对造型的把握和特征的描绘。

2. 实地写生

实地写生,一般包括室外写生和特定场所的写生,可以是校园里的室外景观,也可以是走廊、图书馆、画室一角等室内场景。室外实地写生的特点就是学生有较多的写生对象,对学生来说有新鲜感,容易激发学生的学习兴趣,学生的自主性特点明显,但对教师组织教学的能力要求较高,要确保室外写生的纪律性。在室外,学生的学习注意力比较容易分散,要选择主体突出、适合组织学生集体绘画的场所。如"我们来画树""画画身边的风景"等课程内容。就拿"我们来画树"这一课来说,我校是一所百年老校,学校里有几棵老树,是学校一道亮丽的风景线。由于树长得比较高大,主要枝干穿插可以观察得比较清楚,还可以近距离观察树皮的纹理,有利于学生进行写生表现。庞大的树冠,同时也考验学生的造型选择和概括表现能力。实地写生非常考验教师的现场组织和指导,可以准备好画架,要有清晰的示范,帮助学生了解实地写生取景等难点,避免学生在写生时忽略主体而喧宾夺主。

3. 照片写生

照片写生,是因为写生对象不适合用于课堂美术教学,或者因为受资源条件限制，只能利用照片等形式进行写生，但照片写生也具有造型内容多、视角多、容易观察细节等优势。如"上海弄堂"等教学内容，可以为学生提供较多的弄堂场景，还可以在照片上尝试运用视平线来了解透视的运用，解决教学中的重点和难点。还有"跨时代的桥"一课，通过为学生提供大桥的照片，可以有效解决"桥面""水面"和"岸边"三个不同桥体的观察角度，还可以把黄浦江上几座代表性的大桥都提供给学生，照片上远处的城市建筑还可以为学生提供写生的背景素材。

四、小学美术写生教学的基本步骤

小学美术写生教学的基本步骤大致包括根据写生对象进行整体构图，并根据造型结构画出大体轮廓，再刻画细节，用线描或色彩进行局部刻画，最后再进行调整完成写生。

1. 构图定位画大轮廓

构图[2]是一个造型艺术术语，即绘画时根据题材和主题思想的要求，把要表现的形象适当地组织起来，构成一个协调的完整的画面。对于小学生来说，他们的造型组织能力相对较弱，构图基本要求只要做到比较饱满，用得较多的方法就是以简单实用的几何形组成大轮廓，大小合适就可以了。

2. 根据结构较准确表现造型

不同的物体，其造型结构也变化较多。在表现不同的造型时，为了较准确地画出物体的造型，也会运用到综合性的美术知识。如四年级"写生小瓶罐"需要用到圆面的透视；画"老师和同学时"需要用到反映人体身高的头身比例；画"上海弄堂"需要用到平行透视等。这个环节往往就是写生课程的教学重点，需要教师在课程实施时，加强师生互动，用最直观和有效的示范，帮助学生了解对象的造型结构，这样才能较准确和有效地表现出不同物体结构动态。

3. 局部添画注重细节刻

小学生在进行写生时，局部细节的表现往往是画面中比较出彩的地方。一般物体总有比较突出的特征，如二年级的"昆虫世界"和"我的小书包"、三年级"迷人的细节"等课程内容，就是在造型上表现细节取胜的教学内容。比如人物的五官发型、静物的肌理等，通过对物体细节的描绘，可以使画面的层次丰富，主题突出，还可以培养小学生耐心细致的美术习惯。

4. 调整完成整体效果佳

调整完成，是写生完成前的重要环节，小学生在这一环节上往往做得不够好。主要是因为小学生的年龄特点，不少学生还不具备对画面整体调整的能力；其次，每当即将完成写生任务时，基本也快临近下课，绘画速度较慢的学生往往无暇顾及，这也需要教师合理安排写生时间，要充分考虑到大多数学生写生的能力，并在写生过程中及时提醒学生，及时发现生成性的资源，让学生懂得如何去最后调整画面，使画面效果更好。

这几个步骤环环相扣，从绘画整体入手，对细节仔细刻画，再到整体调整完成。对小学生来说，熟练掌握写生基本步骤需要一定时间的锻炼，相比而言，小学美术社团活动都是由一些具有一定绘画基础的孩子组成，而且社团活动时间比一般上课时间长，更有利于写生活动的开展。这些孩子回到班级集体中，在学生课程实施时，等同于班级里的写生领军人物，有了同龄人做榜样，也可以有效促进班级写生能力的整体提高。

五、小学美术写生教学的基本评价

小学美术写生教学的评价一般有过程性评价和成果性评价两种。写生课程的评价一般可以从画面的构图、造型表现、线条、色彩以及画面整体效果等方面来实施。有效的评价并不是对学生一味的表扬，而是在鼓励为主的前提下，帮助学生找到写生作品的不足之处，并给学生提供完善画面的有效方法，从而促进学生写生能力的提高，保持对写生教学的兴趣。

六、结语

可以这么说，写生课程可以提高小学生观察能力、感知发现能力以及绘画技能的提升，也为其他形式艺术表现打下一定的基础。由于写生对象具有多样性，可以有效整合其他学科的相关知识，丰富学生的知识面。通过写生风景，可以让学生更好地感知我们的生活环境，发现生活中的美。在写生任务完成后，可以组织学生对教室进行打扫、整理，培养学生爱劳动、帮助别人的好习惯。综合来说，小学美术写生课程，是以美育人的重要方式方法，作为美术老师，将不断优化写生课程，实实在在地提高写生课程的有效性，促进美术教育教学的发展。

参考资料：
[1]百度百科：https://baike.baidu.com/item/%E5%86%99%E7%94%9F/627739?fr=aladdin
[2]百度百科：https://baike.baidu.com/item/%E6%9E%84%E5%9B%BE/2766?fr=aladdin
[3]王大根.美术教学论[M].上海：华东师范大学出版社，2000.

小学美术课堂教学中欣赏教学的实践探索
——从欣赏《好看的农民画》说起

【摘　要】以美术核心素养培养为目标，通过欣赏好看的农民画作品，感受和发现中国新农村的生活，运用信息化大容量的特点，通过欣赏大量的农民画作品，让学生感知农民画作品中内容、造型和色彩表现的魅力，感受中国新农村建设的伟大成就。

【关键词】小学美术　审美　农民画

会审美，是时代对人的要求，是一种时尚。现今社会中的不少"美盲"，也进一步说明了加强美育的重要性。学校是美育的重要阵地，肩负着对未来所有人的美育重任。2022版《艺术课程标准》所表达的核心素养内涵包括：审美感知、艺术表现、创意实践和文化理解，就包括了培养学生的正确审美观，提高学生感受美、欣赏美、创造美的能力。在平时的课堂教学中，如何利用好现有的教学资源，从简而入，不断丰富和提高审美情趣，让更多的孩子懂得发现美和欣赏美。在上教版三年级《好看的农民画》这一课中，笔者觉得这一课引导学生学会欣赏与感悟比学习绘画技能更重要，更能体现培养学生的审美观，进一步引导学生来感受我们的"新农村"的变化，提高对农民画这一种艺术形式的认知。

在信息技术环境下，在我们的课堂里，我们该如何去引导学生欣赏"好看的农民画"呢？我觉得可以先从了解当今新农村生活入手。

一、欣赏作品素材必须贴近学生的生活

我们的孩子虽然大多数来自城市,对农村的生活并不很熟悉,但是随着生活水平的提高,很多家长带孩子出去体验不同的生活,包括学校组织的社会实践活动,不少孩子去过农家乐、到过果园、摘过葡萄、吃过农家菜、感受过农家的灶台,对农村的很多场景并不陌生。有一些孩子出生在农村,逢年过节时会回到农村,对农村的一些节日气氛也比较了解。第三,随着时代的发展,场馆资源的丰富,我们的孩子也看到过不少关于农村题材的艺术品。以孩子们熟悉的生活场景入手,更容易激发学生的兴趣,参与性会更强。

所以说,要上好这节课,首先要找到让我们孩子感到熟悉的新农村生活,这样他们才会关注农民画,想了解里面的内容,了解这种艺术形式。

二、充分发挥教育信息化的优势

教育信息化的优势在于信息量大、速度快。现在各校配置的教育信息化设备,可以使欣赏课从整体到局部变得更精彩。教育信息化的场景设置,能让学生模拟走出课堂,走入"实景",如一些网上博物馆的"3D"场景,效果真实,一些模拟的农家大院,似乎是一个导游带着孩子们去农村实地游览。其次,很多教学软件的功能比较强大,包括一些手机软件,可以很快地把一些生活场景变成一幅幅艺术作品,使教学手段更为丰富。

三、根据农民画的基本艺术特征

大多数孩子可能都认为能画画的只有"画家"。通过一段视频,通过一

双劳动的手和画画的手的比较，让孩子们知道创作这些《好看的农民画》的"画家"就是这些普普通通的农民，他们在闲余时间拿起画笔，画着他们的生活，画着他们的快乐……

农民画有着自身的特色，为了让孩子们尽快欣赏感受农民画，大容量、速度快的多媒体的运用必不可少。

1. 从构图的角度去欣赏

农民画的构图非常饱满，我们在挑选一些作品时要考虑作品的全面性，既要有俯视大场面的乡村全景，也要求有平视化的农家院子等生活场景，让学生关注到画面的主体和周边细节的场景添加，进一步了解画面的丰富性。比如可以让学生找一找画面中的小家具、日用品等，为绘画创作做好准备。也可以采取从整体找局部的游戏，加强构图欣赏和学习。

2. 表现内容与造型

农民画的欣赏很重要的一点就是让学生感受画面里的多种造型和内容。如让学生们说一说参加过农家哪一项活动，农家的家庭聚餐，人物的表情，动作表现，让学生感受到画面里的快乐和喜悦；其次在参与农家乐或者从农民画中的节庆场面的舞龙、水乡的集市、乡村的小店、果园里的快乐里发现生活且生动的人物造型，老师可以根据学生的描述，概括和提供农民画里的人物造型，也可以适当分类，老人、妇女、儿童等，在欣赏生动的人物造型的同时，了解基本表现方法，因为丰富的内容和生动且生活化的各种造型表现是农民画成功的关键。

3. 色彩让农民画更精彩

农民画成功的关键除了构图、造型、内容以外，最让人过目不忘的，就是农民画的色彩表现。色彩鲜艳、对比强烈的农民画配色方法是农民画重要的造型语言。

（1）感受学过的色彩知识

三年级的学生已经学过三原色、三间色，以及一些对比色、冷暖色的基本知识，而这些色彩加上黑、白两色，往往就是农民画的主要色彩构成。通过一些找色彩小游戏，让学生在欣赏农民画色彩运用的同时，了解和感受农民画色彩丰富、对比强烈的色彩魅力。

（2）概括农民画的配色方法

农民画一般以一个原色或者间色作为主色调，为了平衡画面中色彩丰富性，会用大块的黑色进行衬托，使画面中色彩装饰性比较强。

农民画的配色丰富，在引导学生欣赏时要尽快掌握农民画的一般配色规律，为后面的绘画创作做好准备。由于农民画网络资源较为丰富，老师可以通过找到具有代表性的农民画作品，同时教师也可以自己绘制，这样的教学目的性更强更有效。

（3）温故而知新的色彩场景

在欣赏一些农民画的同时，可以在作品旁边加一个"色轮"，这样会更加直观，让学生在欣赏到优秀的、色彩强烈的农民画的同时，对以前所学的色彩知识结构进行简单的回顾，除了对农民画的配色加深了解以外，更加强了学生对色彩知识的感受和掌握，对以后的色彩教学有一定的帮助和提高。

4. 感知农民画的时代气息

在农民画作品中，我们可以看到信息时代助力乡村振兴的新业态和新风貌，有当今中国新农村建设者的风采，更多的是描绘了美丽乡村的新图景。画面中辛勤劳动的农业科技人员和普通农民，除了欣赏从不同角度塑造的人物造型以外，更重要的是让学生们了解建设者们不怕辛苦的精神，还有现代农业科技发展所取得的巨大成就。让孩子们知道每一份劳动成果都是来之不易，每一个人都要珍惜劳动成果，不浪费粮食。更要培养学生将来为祖国建设科技现代化农业的意识，只有现在好好学习，将来才能大展身手。

四、结语

借助了农民画艺术题材，让我们的孩子多方位地感受不一样的艺术形式。感受艺术魅力，提升审美情趣，不断提高审美品位，是每一位美术老师的责任。另外也要借农民画作品中反映的当今中国新农村的面貌，让每一个孩子为祖国建设发展成就感到骄傲。一节小小的美术课，包含着发现美、创造美、懂得美的大道理，更要让孩子们懂得，未来中国的农业新蓝图要靠他们去绘制。

参考文献：
[1]钱初熹.美术教学理论与方法[M].北京：高等教育出版社，2005.
[2]金山县文化馆.金山农民画[M].上海：上海人民美术出版社，1980.

10 传统文化里寓意造型在小学美术教学中的实践运用

【摘　要】中国传统绘画题材里，常常有借物抒情，通过"寓意"，以小见大，把自己的情怀、理想融合在画面中，融合在造型中。结合小学美术教材，通过小学美术教学的实践，让学生感受中华优秀文化中寓意造型的人文内涵，培养学生的文化理解能力，增强文化自信。并能在艺术表现和创意实践过程中，丰富和提升学生的审美情趣。

【关键字】传统文化　寓意造型　小学美术

中国传统绘画题材里，常常有借物抒情，通过"寓意"，以小见大，把自己的情怀、理想融合在画面中，融合在造型中。在小学美术教材里（笔者所指的教材是指上教版小学美术教材），就有不少传统文化里的寓意造型，美术老师同时也是传统文化的传播者，我们可以通过日常美术教育教学活动，把传统文化中的美好寓意传递给学生，让学生在艺术活动中感受传统文化的魅力。

一、小学美术教学传播"寓意造型"意义所在

中华优秀传统文化，是中华文明成果根本的创造力，是民族历史上道德传承、各种文化思想、精神观念形态的总体。优秀传统文化中的寓意造型，是体现中国传统优秀文化的一种形式，体现了我们中国人民精神追求、审美情趣和对美好生活的向往。寓意造型经常出现在我们的画面中，我们

小学美术教材中，就有很多类似的教学内容，通过美术教育教学活动，让孩子们了解寓意造型的含义，传承和发展我们中华民族的优秀传统文化。

二、"寓意造型"与小学美术教学实践

造型中的寓意，在美术课程中一般属于教学目标中的"情感、态度与价值观"，这是一个理想型的教育目标，不是一节课所能马上达成的，需要让学生在传统优秀文化环境中不断感知，逐渐内化，才能体现出教育价值。在美术教育教学活动中，让学生感受和了解画面中的"寓意造型"一般要由简而入，结合学生的生活常识，使学生的对"寓意造型"的了解和加深印象更具有实效。

在中国传统文化中，寓意造型常见的有以下三类：动物、植物和综合类，结合教材，笔者作了如下分类。

1. 动物类寓意造型（表1）

表1

动物名称	寓意表现	匹配教材
蝉	由于蝉鸣非常响亮，因此玉蝉有"一鸣惊人"的寓意	上教版小学美术教材第三册《昆虫乐园》
龙	动物的神，能兴云布雨，利益万物，顺风得利，民间视作神圣、吉祥、吉庆之物	上教版小学美术教材第五册《赛龙舟》
鲤鱼	比喻逆流前进，奋发向上	上教版小学美术教材第一册《美丽的鱼》
金鱼	表示富裕，吉庆和幸运，寓意金玉满堂	上教版小学美术教材第六册《游动的鱼》
蝴蝶	破蛹而出，诞生崭新的生命	上教版小学美术教材第三册《昆虫乐园》
马	一往无前的精神，马到功成	上教版小学美术教材第三册《装饰的骏马》

（续表）

动物名称	寓意表现	匹配教材
牛	不怕困难，勤劳致富	上教版小学美术教材第五册《好看的农民画》
鼠	机巧聪敏，仁慈乐观	上教版小学美术教材第四册《装饰小夹子》
兔	人人喜爱的动物，温雅美丽	上教版小学美术教材第四册《塑个浮雕动物》
雄鸡	吉祥如意，常带五只小鸡寓意五子登科	上教版小学美术教材第六册《剪出来的动物》
狗	做事敏捷、忠诚	上教版小学美术教材第六册《剪出来的动物》
喜鹊	喜在眼前，表示好事连连	上教版小学美术教材第七册《套色剪纸》
虎	比喻威武勇猛，寓意"福"临门	上教版小学美术教材第七册《汉字变成画》
猴	寓意聪明伶俐	上教版小学美术教材第八册《活泼的小猴》
孔雀	富贵堂皇、吉祥如意	上教版小学美术教材第八册《小邮票大世界》

　　动物造型是小学美术中深受学生喜欢的教学内容，这些富有寓意的动物造型，经常在不同年级的教学内容里穿插出现。其艺术表现可以通过绘画、剪贴、泥塑和综合制作等多种美术创作形式出现。学生对动物造型本身就有一定的感知力，如上教版小学美术教材第三册《昆虫乐园》一课，笔者先从"蝉"的生活习性引导学生观察发现，了解到"蝉"这类昆虫的特点就是在夏天里大嗓门的鸣叫，从蝉的鸣叫声中人们感受到了浓浓的"夏意"。因为嗓门大，古人给了好听的名字"一鸣惊人"，然后再通过观察蝉的身体结构、艺术表现的特征，学习用线描法来表现。在给学生的作业要求里，我特地加了一个：谁画的昆虫最"一鸣惊人"！在课后的教学延伸

里，我还出示了玉雕、木雕等形式的"一鸣惊人"，有个小朋友马上举手，告诉大家，他家里的大人也有一个这样的"一鸣惊人"，可见寓意造型在中国的影响力有多大。

在中国传统的剪纸艺术中，喜鹊的造型经常可以见到，可是在画面中，喜鹊处在不同的构图位置，其含义也是不一样。笔者曾经引导学生在欣赏以喜鹊为造型的剪纸作品，画面中的喜鹊从高处飞翔而下，让学生根据画面猜一猜这幅剪纸作品的名称——"喜从天降"，揭晓答案时，学生们说："真的呢，喜从天降"，然后再布置学生去尝试探究更多的寓意剪纸作品，学生们更是兴趣十足。

2. 植物类寓意造型（表2）

表2

植物名称	寓意表现	匹配教材
梅	清雅俊逸的风度使古今诗人画家将它赞美，更以它的冰肌玉骨、凌寒留香被喻为民族的精华而为世人所敬重。	上教版小学美术教材第九册《彩墨花卉》
兰	兰花以它特有的叶、花、香独具四清（气清、色清、神清、韵清），给人以极高洁、清雅的优美形象。古今名人对它评价极高，被喻为花中君子。	上教版小学美术教材第九册《彩墨花卉》
竹	人们赋予它性格坚贞、志高万丈的高风亮节和虚心向上的积极精神。	上教版小学美术教材第九册《彩墨花卉》
菊	中国赋予它高尚坚强的情操，以民族精神的象征视为国萃受人爱重。	上教版小学美术教材第九册《彩墨花卉》
松	人们赋予它意志刚强、坚贞不屈的品格。	上教版小学美术教材第三册《茂盛的植物》
牡丹	以特有的富丽、华贵和丰茂，在中国传统意识中被视为繁荣昌盛、幸福和平的象征。	上教版小学美术教材第五册《花园城市》

（续表）

植物名称	寓意表现	匹配教材
水仙	冰肌玉骨，清秀优雅，仪态超俗，雅称"凌波仙子"。水仙开花于新春佳节之际，被视为新岁之瑞兆，也是吉祥之花。	上教版小学美术教材第六册《花儿朵朵》
莲花	历代诗人赞美莲花出污泥而不染，濯清涟而不妖，中通外直，把莲花喻为君子，给以圣洁的形象。	上教版小学美术教材第六册《花儿朵朵》
榆树	榆树寓意为坚韧、富贵、吉祥。	上教版小学美术教材第七册《我们来画树》

利用好身边的资源，也是把寓意造型融入学生生活的一个美术教育要素。植物类的寓意造型，比较多出现在我们的中国画中，有不少学生家里，都挂着"梅兰竹菊"的条屏。虽然身边经常有梅兰竹菊相伴，但不少学生对植物寓意依然了解得比较少。笔者让学生找找身边的"梅兰竹菊"，并布置了任务：1. 寻找身边的"梅兰竹菊"，观察结构造型；2. 水墨画中的"梅兰竹菊"，用到哪些我们学过的水墨技法；3. "梅兰竹菊"的寓意象征了什么？在网课平台上把教学任务一发，学生们很快交出了答案。在交流的过程中，学生们上传了家里布置的"梅兰竹菊"的画，家里种的兰花（清新典雅），小区里的竹子（节节高，虚心向上），同时也对梅花、菊花在秋冬季节开放的习性也有所了解，对"傲雪斗霜"有了更深的了解。

笔者所在的学校是一所百年老校，在校门口旁有一棵老榆树，每次上"我们来画树"这一课，我都会带着学生们拿着画板，围坐在大树旁，写生这棵大树。在写生之前，我都会引导学生来说一说老榆树的寓意，学生们会回答出"这棵树经历了很多困难"、"这棵树感觉很不一般"……我会告诉学生，老榆树象征着坚韧，可以在艰苦的环境下生存；又因为它的名字"榆树"，和"余"同音，所以还有富贵吉祥的象征。然后再从"树分四枝""叶分疏密"去引导，学习用线条表现老树表面树皮的肌理纹路。有了对老榆树内在寓意的了解，学生在写生中，格外用心，在作业交流展示中，有的学生在介绍绘画体会时说道"我想画出这棵老榆树抵抗高温和严寒的精神"。

3. 综合类（表3）

表3

名称	寓意表现	匹配教材
高山	高峻的山，亦比喻崇高的德行。	上教版小学美术教材第九册《彩墨风景》
海洋	宽广的胸怀。	上教版小学美术教材第七册《类似色的风景》
帆船	意喻事业一帆风顺，顺顺利利。	上教版小学美术教材第六册《贴贴印印纸版画》
风筝	寓意青云直上或春风得意。	上教版小学美术教材第五册《好看的农民画》

综合题材中的寓意表现也有不少，结合美术教材，以风景画中的高山、海洋、草原等相关景物为主。中国有世界上最高的山峰，那么高山的寓意何在？结合风景画，在画高山时，我请学生说说对高山、崇山峻岭的感受。学生的回答一般都是："非常高，感觉很有重量""感觉自己很渺小"……这时我会给学生介绍古人对高山的感受——"高山仰止"，意思就是要做一个品德崇高的人。可能在当时，学生们未必对这句话有深刻了解，我想，只要我们坚持下去，在美术课堂中不断把中国优秀文化介绍给我们的学生，让他们逐步理解，"寓意造型"的美好表达就会在孩子们的脑海里渐渐沉淀，不断积累。

三、结语

寓意造型的表达，不止在美术课中，在我们小学基础课程中，像语文、数学、德育、自然、音乐、体育等课程中，也有很多都可以结合中国传统优秀文化的"寓意造型"，我们的孩子，在这么多基础课程活动中，耳濡目染，正所谓"润物细无声"。让孩子们从小理解我们的传统文化内涵，让优秀传统文化精神渗透在他们的血液里，建立文化自信，让我们中华优秀传统文化继续传承和发展下去。

参考资料：
[1]高春明《吉祥寓意》上海锦绣文章出版社，2009.

基于 Classin 平台的小学美术线上教学实践

【摘　要】掌握线上教学工具的使用方法和技能是当今教师的必备技能之一，在了解 Classin 线上平台功能的基础上，教师做好课前教学准备，发挥平台的资源优势以及自己的教学优势，在教学实践中不断提高自己的线上教学水平，提高线上教学实效。

【关键词】小学美术　线上教学　Classin 平台

时代在发展，作为一名教师，掌握线上教学工具的使用方法和技能是当今教师的必备技能之一。由于疫情反复，所在的学校就有一些学生在家实行自我健康管理，为了让学生们在家也能完成学习任务，学校通过 Classin 平台进行线上教育，笔者就基于 Classin 平台的小学美术绘画教学，通过自己的教学实践，进行了一些总结。

一、了解 Classin 平台的基本功能

对于老师来说，线上教育平台必须要满足我们教育所需要的场景、教学资源的调用，学生上课组织教学的管控，交流的及时性，以及对学生学习过程的了解和学习成果的及时反馈和评价，这样才能像线下教学一样，注重教学的有效性，提高学生的学习效率。应该说 Classin 基本可以满足小学美术线上教学的基本要求，这是一款从教育场景出发构建的在线教室产品，是专业的在线教育直播服务提供商，即通过视频、通讯、云存储

等技术，让学生和教师在远程获得身临其境的面对面授课体验。在使用平台之前，老师就要不断熟悉平台的基本功能，这是完成线上教学最基本的保障。

二、基于 Classin 平台的课前准备

在熟悉了 Classin 平台的基本操作以后，做好课前教学准备至关重要。

1. 硬件准备，保证畅通无忧

课前准备的前提是老师和学生都要检查下自己的设备情况，网络是否正常，电脑的运行、摄像头、话筒等以及电脑客户端开启的正常化，特别是班级人员安排，不能遗漏任何一个学生。同时也要关心和了解学生的线上学习环境，帮助一些有困难的学生解决线上学习问题。

2. 建立课程，建立线上教室

针对线上教学给老师与学生带来的诸多"不习惯"，Classin 根据线下课堂教学模式开发的在线教室，为老师和学生们在云端建立一个仿真教室。因为是教室，学生们直面教师和同学，有一种身临其境的感觉，有利于教学的实施。其次，课程时间的设置，可以让学生看到开课的时间和课程结束的时间，对于美术课教学来说，学生因此可以自己把握分配学习时间。

3. 知识储备，丰富线上资源

每次开课前，老师根据教学内容，把收集的各项资源如视频资源、图片资源、创作要求等重要信息作为辅导群资源进行发布，便于学生提前对学习内容有所了解，方便家长随时查阅，同时提醒学生做好课前美术材料准备。有了充分的课前准备，线上上课的有效性才能基本保证。

三、基于 Classin 平台线上教学的优势

任何一种线上教学平台都有其优势和不足，对于已经选用 Classin 平台的我们来说，要尽可能地发挥其优势。

1. 互动教学的优势

教学中需要师生互动，美术教学同样如此，特别是在导入和新授环节中，在互动中可以让学生尽快熟悉和了解今天的学习内容，老师可以通过互动，也能及时了解学生对学习知识以及美术技能的掌握。如上教版小学美术二年级《侧面的脸》一课，首先要求学生对人物侧面的脸部曲线以及五官的变化有所了解，正巧有个学生在面对摄像头时，侧了一下头，于是就灵机一动，挑选了几位脸部比较有特征的学生让他们露一露侧脸，顺势截屏，作为教学资源，引导学生观察，还可以局部放大，让学生很快了解了侧面脸部五官的特征，再利用即时粉笔功能，给部分学生授权，尝试在屏幕上画一画侧面脸部的曲线变化，并配上五官，这样就有效地解决了本课的教学重点和难点。

2. 资源使用的优势

由于在课前，已经在平台课程里准备了大量的线上学习资源，教师就可以随时发放满足教学需要的数字化资源。如上教版小学美术三年级《泥卷动物》一课，这节课重点是让学生学习利用泥卷，掌握基本泥塑技能，根据动物的造型结构，用泥塑的方法来制作小动物。如果只是单一的按照书本上的教学资源，学生的作业一般都是差不多的造型动态。线上平台有充分的动物动态资源，教师再配上小视频，配以泥卷制作小技巧的讲解，学生可以在短时间里掌握不同动态小动物的泥卷造型塑造方法，应该说基于 Classin 平台线上教学资源快速运用，也是提高线上小学美术教学有效

性的保障之一。

3. 生成性资源的优势

线上教学的优势，就是生成性资源比较多。平时在课堂教学中，一般老师预设的比较多。由于学生在家中上课，对于美术课而言往往会有意料之外的惊喜。如写生小瓶罐一课，学生在家中找出的瓶瓶罐罐可以说造型各异，特别是这一课，需要讲授圆面的透视，正巧学生手拿小瓶罐在摄像头前滑过，我突然想到，利用摄像头位置相对固定的特点，让学生拿着小瓶罐上下移动，可以清晰地观察到瓶口瓶底的透视变化，学生们在我的引导下，仔细观察，很快掌握了圆面透视的一般规律。在家长中不乏民间高手，在剪窗花一课中，我通过屏幕发现有个家长也在一起听课，并且还在教学生折剪，于是我干脆通过平台授权，请他上台讲讲窗花的折剪，从家长成为老师，孩子们的学习兴趣瞬间提高了。

4. 即时评价的优势

教学评价是美术课堂教学中不可缺少的，既可以鼓励学生积极参与教学活动，又可以激发学生的学习兴趣，同时还能在发现学生闪光点的同时，提醒学生不断完善美术作品，起到一定的激励作用。在线上教学过程中，笔者经常运用 Classin 平台的奖励功能，给积极发言、思维活跃、积极参加讨论交流的学生发放奖杯。到一节课结束，我们可以通过学生活动奖杯的数量，了解到每个学生的学习积极性，当然老师在选择参与讨论的学生时，也要注意参与面，让更多的学生参与，避免打击一部分学生的学习积极性。

5. 拓展空间的优势

在美术课后通过 Classin 平台设置作业要求，组织作品展示和评价。由于每个学生在家进行网课的时候，学习能力条件各不相同，美术作业完成的时间也各有不同，通过平台设置较宽泛的上传时间，有利于学生有较为充分的时间来完成作业，上传的美术作品的质量也有所提高。在等第制评价的同时，对学生的作品给予评语肯定或提出适当建议，并且利用平台的"优秀作品"上榜功能，广泛展示优秀作品，进一步激发全体学生进一步参与在线美术学习、进行艺术创作的兴趣。此外课堂还具有云端录制与回放的功能，来不及参与课堂学习的同学也可通过观看回放，了解学习内容。

四、结语

对于美术线上教学实施来说，Classin平台只是线上教学的一个小助手，虽然现在基于Classin平台的小学美术线上教学，在老师和学生相互交流、答疑解惑、延展学习内容、解析专业技能、突破重点难点等方面已经卓有成效，但是由于小学美术教学内容丰富，艺术形式多样，如何进一步提高美术线上教学的实效，满足不同美术教学内容的顺利实施，让线上教学更具特色，还是需要我们老师不断提高自己的信息综合素养，不断学习，更新教育理念，根据美术核心素养的培养要求来设定教学目标，并认真研究课程，并精心设计，把在线教学与线下教学有机融合，真正以美育人，那就是：提高审美素养、陶冶高尚情操、塑造美好心灵、激发创新活力，我们一起为之努力。

素养导向下小学美术西方美术的教学实践

【摘　要】未来中国的建设人才，要具有国际视野的高度。从小学美术教学开始，通过对西方艺术大师美术作品的了解，逐步培养学生从中西方文化吸取优秀艺术文化的能力，懂得尊重文化的多样性，培养和提升学生的艺术素养，并逐渐增强学生的文化自信。

【关键词】核心素养　小学美术　西方美术

未来的中国，需要更多具有国际视野的人才，他们能够从中西方艺术文化中吸取精髓，运用国际化的艺术语言，认识艺术的广泛性，提高艺术人文素养，有助于学生形成创新意识，尊重文化多样性，增强文化自信。在小学美术教材（上教版小学美术教材）中，有不少西方美术大师的艺术作品，这些作品对于小学生来说，能够从这些各具特色艺术作品中感受极具个性化的艺术语言，增强小学生在特定文化情境中对多种艺术作品人文内涵的感悟、领会，从而进一步培养小学生对多元文化的阐释能力。

一、小学美术教材中西方美术作品的特点

西方美术，从美术史的角度来说，是指以欧洲美术为主的美术造型艺术发展过程，在世界美术史发展上占有重要的地位。在小学美术教材中，有不少西方艺术大师的作品，其中有梵高、马蒂斯、毕加索、西涅克、摩尔、莫奈、米罗等，这些大师们的作品可以说是极具代表性，对拓宽小学

生的美术视野以及美术技能的多样性学习很有教学实践价值。

1. 小学美术教材中西方美术作品的个性化特点

在教材中，这些西方美术大师，都是一个西方美术史中代表人物，也是不同画派的代表人物，有马蒂斯的野兽派、毕加索的立体派、西涅克的点彩派、莫奈的印象派、米罗的超现实主义画派、雕塑大师摩尔的高度精简抽象的艺术造型以及梵高的后印象画派。可以这么说，这些艺术大师是西方文化的一个个缩影，他们的艺术作品极具个性化，对整个世界艺术的推进和发展起到了巨大的作用。

2. 小学美术教材中西方美术作品的多样化特点

教材中的这些大师的作品，有摩尔的雕塑，马蒂斯色彩对比强烈的绘画和简洁夸张的剪纸，毕加索的"多视角的脸"，西涅克的"用彩点来作画"，梵高的"旋转的线条"，莫奈的"日出的感受"和米罗的"彩色的名字"。作品形式以及美术材料的多样化，对小学生艺术创作灵感激发，进一步培养了小学生对创作的过程和方法进行探究与实验，生成独特的想法并转化为艺术成果的能力。

二、小学美术教材西方美术的教学实践

美术核心素养的培养中，包括了对不同艺术作品中美的特征及其意义与作用的发现、感受，对不同艺术表现的手段与方法的选择，包括媒介、技术和艺术语言的运用以及情感的沟通和思想的交流，有助于学生掌握艺术表现的技能，增强形象思维能力。在美术教学实践过程中，通过对大师艺术语言的欣赏，学习运用大师的美术表现技能，紧密联系多学科知识，进一步感悟艺术活动、艺术作品所反映的多元化文化内涵，逐步形成对西方美术的文化理解。

1. 小学美术教材西方美术作品的欣赏表述

由于中西方生活环境、生活习惯以及文化体现、美术学习和创作方式的差异，加上平时我们的学生对西方艺术的作品接触较少，如何让学生通过对教材中西方艺术大师作品的欣赏，感知大师们艺术作品的独特性，对小学生多元化艺术素养的培养有着重要的意义。对于艺术大师们的艺术作品，让小学生马上认知具有一定的难度，特别是小学低年级的学生，对大师们作品学习理解能力相对较弱，教师要有足够的耐心，循序渐进，逐步加深学生对大师作品的了解。如以毕加索作品为代表的"多视角的脸"，学生们的第一印象就是"怪"，笔者从毕加索的作品中，挑出了"拿烟斗的男孩"和教材中"朵拉玛尔肖像"作对比，强烈的造型差异让学生纷纷表示了对"拿烟斗的男孩"的喜爱。当我告知这两幅作品是同一位画家创作的美术作品时，学生都有点不敢相信。随后我逐步介绍毕加索毕生致力于绘画革新，吸收民族民间艺术的营养，创造出了很有表现感的艺术语言，他的作品中极端变形和夸张的艺术手法让世人记住了他，并把毕加索的名言告诉了学生们："我用一生的时间，才能像孩子一样画画。"学生们在品味这句话时，我告诉我的学生："老师很羡慕你们在画画时的专注和无拘无束。"我们的小学生，他们的想象力是世界上任何一位艺术家所羡慕的。通过对大师艺术作品的审美感知，让学生了解在西方艺术作品、艺术创作造型和美术技能表现的独特性是非常重要的，在提高和丰富学生审美情趣的同时，激发学生的创作兴趣，进而培养学生进行创意实践的自信心。

2. **小学美术教材中西方结合的艺术表现**

在小学美术教材中，西方美术作品课程主要是学习西方艺术大师的造型表现技法，结合小学生的生活实践，归纳起来主要有绘画、版画、剪纸和雕塑四种，其中绘画占据的比例较大，有米罗、马蒂斯、莫奈、毕加索和梵高等以绘画造型为主。如上教版小学美术第一册教材中，"彩色的名字"一课，通过对米罗的画的欣赏，了解到米罗的作品以华丽的色彩和简单大胆的图案构成而闻名，用米罗的艺术造型方法结合中国的文字造型，形成了一种独特的艺术造型风格。中国的汉字包含了象形文字，本身就具有独特的图案化，并且中国的传统里，孩子的起名还包含着长辈对孩子的期望。学生把自己的名字用夸张的笔画进行表现，并学习运用米罗的色彩语言来装饰，可以说是运用西方艺术语言表现中国汉字文化的完美体现。还有以梵高长短线条为主要艺术表现特征的"旋转的线条"，通过对梵高艺术作品的解读，让学生掌握了运用长短线条表现美术造型的一般方法，并且尝试用梵高的线条表现中国的山山水水，也是西方造型艺术语言和东方美丽景色的结合。同时也给美术老师提出了思考，可不可以在水墨画中，运用墨色变化丰富的长短线进行表现？答案是可以的，在小学美术三年级"墨线的变化"一课中，完全可以让学生尝试用旋转的长短线来表现出墨线的变化，让水墨画也呈现出多样性。在教学实践中，让学生在掌握不同绘画技能的基础上，进一步感受了多元文化的结合，有利于学生掌握艺术表现的技能和文化多样性的理解。

三、结语

在中国近代美术发展过程中，涌现出像刘海粟、徐悲鸿、林风眠、吴冠中等艺术大师，他们有着共同的特征就是把学到的西方的艺术表现方法融合到中国艺术文化中，并形成了自己独特的绘画艺术风格。当今的中国屹立在世界，在信息化的时代，中西方文化的交融不可避免。而我们的学生，就是将来建设祖国的主力军，通过小学美术课程，从小逐步培养学生对多元文化的理解能力和对西方文化的辨识能力，吸收西方科技文化的长处，融合中国传统优秀文化，同时也为推动中华文明持续发展打下一定的基础。

参考文献：
[1]国家教育部艺术课程标准2022版
[2]迟轲.西方美术史.中国青年出版社，1987.
[3]小学美术课堂有效教学策略研究.北京科技出版社，2012.

巧用谜语丰富小学美术课堂教学

【摘　要】在很多美术教育资源中提到,我国传统文化里有一个叫做"谜语"的文化产物,这是我们小学美术课堂里常用的教学资源。如何巧用"谜语"来丰富我们的美术课堂教学,是我们作为美术教育工作者需要不断实践和探索的,我就从以下三个方面来分析我们小学美术教学如何有效地运用"谜语"来丰富我们的美术课堂。

【关键词】小学美术　传统文化　谜语

我国传统优秀文化里有一个叫做"谜语"的文化产物,也是我们小学美术课堂里常用的教学资源。用好"谜语"优秀传统文化资源,融合美术课程活动,进一步培养学生学习兴趣,拓展学生的知识面,有利于学生加强对祖国传统文化的理解,有利于学生美术学科的核心素养的培养,已经在美术教学实践中开始不断地体现出应有的实效。

一、谜语与小学美术教育

1. 谜语的文化传承

谜语主要指暗射事物或文字等供人猜测的隐语,也可引申为蕴含奥秘的事物。谜语源自中国古代民间,历经数千年的演变和发展。民间谜语可不简单,一般具有：1. 文学性。民间谜语是民间文学的一种样式,它的谜面大多就是一首歌谣,形象生动,寓意深刻。不少还运用了拟人、想象、借代等文学手法，富有浓郁的文学色彩。2. 知识性。谜语的题材内容涉及天地万物，相当广泛，包含着各个方面的知识。通过猜谜制谜，传授知识，启迪联想，开拓人们的思路，加深对事物的理解，增长知识。它是教育儿童的好教材，也是进行智力测验的一种好方法。3. 趣味性。猜谜是一项娱乐活动。优秀的谜语，饶有趣味，让人猜射，乐在其中。这就是对猜谜活动的形象描写，也是猜谜的乐趣所在。4. 疑难性。谜语是让人猜的，因此就要使人感到有点疑难，不能太过浅白，要让人开动脑筋，苦苦思索，才能找到谜底，这才有乐趣，它是中国古代劳动人民集体智慧创造的文化产物。当然，适合小学美术教学的，主要是儿童谜语为主。

2. 儿童谜语的基本特征

儿童谜语的特点、作用：文字押韵、生动形象、字句简洁。在猜谜语的同时，不仅是简单的猜中谜底，还应该在谜语解析中学到一定的知识，进一步拓展儿童的知识面，从而促进其智力开发。谜语的内容非产广泛，其中就包括了我们小学美术教学的中经常遇到的动物、植物等课程内容。除了造型特征以外，还有物体的色彩表述。可以这么说，巧妙地运用"谜语"既可以活跃课堂教学，激发学生兴趣，拓展思维空间，还可以结合教学内容，从造型特征和色彩运用上进行延伸。

二、如何通过谜语引导学生发现绘画对象的特征

1. 谜语与造型特征

教学活动中，造型形式很多，如创作画、剪贴、水墨画等等，特别是在以画动物为主题的教学中，要画好动物，首先是要抓住动物的显著特征，其次就是要把对象画得生动有趣。

首先，我们来看一些谜语：耳朵像蒲扇，身子像小山，鼻子长又长，

帮人把活干。(打一动物)【大象】——大象的基本造型特征非常明显。

八只脚,抬面鼓,两把剪刀鼓前舞,生来横行又霸道。(打一动物)【螃蟹】——螃蟹的动态与造型很生动地被描述出来了。

嘴像小铲子,脚像小扇子,走路左右摆,水上划船子。(打一动物)【鸭】鸭子的动态与造型和结构很生动地被描述出来了。

身子像个小逗点,摇着一根小尾巴,从小就会吃孑孓,长大吃虫叫哇哇。(打一动物)【蝌蚪】——水墨画蝌蚪,又融入了保护动物的教育功能。

小货郎,不挑担,背着针,满处窜。(打一动物)【刺猬】——刺猬的基本造型之外,还拓展了想象空间,刺猬的背上还可以添加更多造型。

耳大身肥眼睛小,好吃懒做,爱睡觉,模样虽丑浑身宝,生产生活不可少。(打一动物)【猪】——小猪的模样,是不是评价也可以运用到。

头戴珊瑚帽,身穿梅花袄,腿儿细又长,翻山快如飞。(打一动物)【鹿】——鹿角的形态,鹿的四条腿细又长,一个小谜语解决了鹿的造型的重点和难点。

一个小小的谜语,除了让学生知道今天的学习内容,我们还要利用好这些资源,挖掘谜语中能够有效针对动物造型特征的语句,引导学生画出形神兼备的、生动的、富有童趣的动物造型。

2. 谜语与色彩表现

美术教学中的色彩运用,也是美术教学中不可缺少的必要元素,如:一个小姑娘,生在水中央,身穿粉红衫,坐在绿船上。(打一植物)【荷花】——一个美丽的画面,色彩的描述非常生动。

头戴红帽子,身披五彩衣,从来不唱戏,喜欢吊嗓子。(打一动物)【公鸡】——画公鸡时,可以比一比谁把公鸡的"五彩衣"画得最漂亮。

身穿白袍子,头戴红帽子,走路像公子,说话高嗓子。(打一动物)【鹅】——言简意赅,融合了色彩和造型。

小小的谜语中，居然还体现了对色彩表现的评价，真是不能小看呢。

3. 谜语在教学中还有其他综合作用

美术教学从来不是单一的，美术课堂教学同时也是综合教育的体现，更主要还有结合教学内容的思想道德教育渗透。

没有河却有桥，桥儿横跨大街上，桥上行人走，桥下汽车跑。(打一建筑物)【立交桥】——概括出立交桥的基本造型和功能，记得还要添加合理的街景，我们人人要为美丽的城市出一分力。

天上彩虹落大江，人间奇迹工人创，火车汽车穿梭过，全国人民齐颂扬。(打一建筑物)【大桥】——彩虹的造型，融合了思想教育。

三、结语

将"谜语"融进美术课堂教学，需要我们美术老师不断思考、在实践中提炼，以最有效的教学手段，提高我们的教学效率。我们也要从教材中更深刻地理解内涵。我们的美术学科核心素养不是简单的学科知识与技能，而是将美术学科或跨学科知识与技能、过程与方法、情感态度和价值观的整合。美术学科核心素养是美术学科育人价值的集中体现，是学生通过美术学习期望获得的主要成就。美术学科核心素养是为满足21世纪快速变化的社会需要，对美术学科育人目标的再思考，也是我们每一个美术教师要去努力的目标。

参考文献：
[1]王大根.美术教学论[M].上海：华东师范大学出版社，2000.
[2]朱雨尊.民间谜语全集[M].上海：上海文艺出版社，1990.

上海非物质文化遗产与小学美术教学研究

【摘 要】非物质文化遗产是历史留给人类的宝贵财富，在我们生活中，应该继承发展非物质文化遗产承载的各种实践、观念表述、表现形式、知识和技能，以确保非物质文化遗产存续力之权利得到应有的承认和尊重。把上海非物质文化遗产融入小学美术教育教学的活动，有利于提高学生的审美情趣、丰富美术知识、学习创作技能、形成富有特色的美术课程，有着重要的实践意义。

【关键词】小学美育 非物质文化遗产

我们上海，有着丰富的非物质文化遗产资源。它和上海的历史传承、艺术教育、审美心理的形成密不可分。文化遗产是历史留给人类的宝贵财富，从存在形态上分为物质文化遗产和非物质文化遗产。《中华人民共和国非物质文化遗产法》规定，非物质文化遗产是指各族人民世代相传并视为其文化遗产组成部分的各种传统文化表现形式，以及与传统文化表现形式相关的实物和场所。联合国教科文组织《保护非物质文化遗产伦理原则》中提及，相关社区、群体和个人在保护其所持有的非物质文化遗产过程中应发挥主要作用。社区、群体和个人继续其各种实践、观念表述、表现形式、知识和技能以确保非物质文化遗产存续力之权利应得到承认和尊重。研究上海非物质文化遗产与学校艺术教育的关系以及在小学美术教育教学的实践应用，有其现实意义，让学生了解和传承上海非物质文化遗产，提高学生的审美情趣、丰富学生的知识领域、学习创作实践技能大有裨益，以下笔者从四个方面作简述。

一、重视内容优化，提高审美情趣

上海非物质文化遗产的内容丰富，就拿其中的传统美术来说，就有34项之多，其中和我们美术教学相关联的有：编织类：象牙篾丝编织、棕榈叶编织；雕刻类：海派玉雕、上海细刻、瓷刻、海派黄杨木雕、石雕、上海砚刻、上海牙雕、紫檀雕刻、印章艺术雕刻、竹刻；绘画类：连环画、烙画、金山农民画艺术、上海宣传画、吹塑纸版画、帛画、灶花、月份牌年画；其他各具特色的艺术种类：包括罗店彩灯、海派剪纸艺术、何克明灯彩艺术、海上书法、海派紫砂艺术、海派绒绣、海派盆景技艺、海派面塑艺术、海派瓷艺、顾绣、奉贤乡土纸艺等。真可谓品种繁多，丰富多彩。

这么多项上海艺术文化遗产是不是都适合学生呢？这就需要我们美术教师根据学生的年龄特征和兴趣进行一定的筛选。筛选的标准就是：艺术性、人文性、科学性和可操作性。如果不筛选而照单全收，有些上海非物质文化遗产内容会让学生学习乏味或根本弄不懂，其结果就是学生们对上海非物质文化遗产只会敬而远之。如瓷刻、石雕、刺绣、灯彩艺术等较高难度的上海非物质文化遗产项目就比较适合让学生感受、欣赏，但是很多造型都是可以拿来参考使用，这就非常需要老师对内容进行优化，通过讨论、分析、探究、体验等手段，引导学生发现"美"，进一步提高学生的审美情趣。

二、传承文化遗产，丰富美术知识

上海非物质文化遗产对学生审美意识的培养和道德感的培养有潜移默

化的作用，应该说上海非物质文化遗产也是中国传统文化知识和人文审美教育的浓缩，具有广泛的群众基础和深厚的文化根基。非物质文化遗产最大的特点就是"活态流变"，强调的是以人为核心的技艺、经验、精神，是以人为本的活态文化遗产，它依托于人而存在，以声音、形象和技艺为表现形式，并多以身口相传作为文化链而得以延续，因此对非物质文化遗产而言，传承显得尤为重要。如著名的"连环画"，上海作为中国连环画的大本营，很多优秀的画家当初都是连环画的绘制者，如贺友直、颜梅华、戴敦邦、陈逸飞、俞晓夫等，而连环画的知识性、艺术性也是非常丰富的，经典的有《三国演义》《水浒传》《岳飞传》《山乡巨变》等，绘画方法很多，有白描、钢笔画、剪纸形式、版画形式、油画形式等，数不胜数，可以说是包罗万象，可以大大丰富学生的文化知识和美术知识。

三、感受文化魅力，提高创作技能

上海非物质文化遗产都有自己长久以来形成的程式性的艺术技巧，简便易学，容易调动学生的学习兴趣，使学生对学习艺术技巧树立信心。如海派剪纸艺术受传统文化的影响，内容丰富，构图饱满，造型生动，线条流畅，细而不弱，节奏鲜明，从而形成海派剪纸艺术的独特风格。在上海久负盛名的城隍庙周围就有着几位民间剪纸艺人，可以利用校园艺术节和社团活动组织学生参观他们的工作室，并把他们和他们的作品请进课堂，让学生在学习观摩过程中互动交流，更直观地了解海派剪纸艺术的特点，既丰富了课堂，又激发学生的学习兴趣，学生学习的动力更足了。

上海非物质文化遗产的内容丰富，形式多样，学生可以通过探究型学习方式，在老师组织下上网查询相关知识和技能，如罗店彩灯、上海风俗画、金山农民画、海上书法等，并让每个学生都有机会把自己的探究结果展示交流，学校也可以通过网络平台、微课等形式，丰富学校艺术教育活动，让更多的学生受益。

四、丰富艺教资源，形成教学特色

由于上海非物质文化遗产的多元性，这为形成不同的艺术课程特色与风格提供了可能性。教师可依据上海非物质文化遗产的丰富资源，编写、形成独特的校本课程。如连环画、上海风俗画、版画、海派剪纸等，都是艺术课程珍贵的资源。可请具有一技之长的家长进课堂，引导学生关注自己身边的上海非物质文化遗产，同时也能对上海非物质文化遗产的传承起到积极的作用。如在《画盆景》这课中，利用一位校工擅长的"海派盆景技艺"，带领学生写生造型别致的盆景，让学生们亲眼看到大自然的普通一物，在能工巧手面前可以上升为艺术。还有"海派紫砂艺术"，有不少家长还是"海派紫砂艺术"的收藏者，请他们来讲课，学生们在领略"紫砂"魅力的同时，还可以自己尝试设计属于自己的"海派紫砂"。这样的教学活动在不知不觉之中融进了上海非物质文化遗产的艺术特点，学生学习兴趣浓厚，教学效果也得到了强化，更有利于学生对非物质文化的理解。

五、结语

我国非物质文化遗产保护工作的总体目标是：通过全社会的努力，逐步建立起比较完备的、有中国特色的非物质文化遗产保护制度，使我国珍贵、濒危并具有历史、文化和科学价值的非物质文化遗产得到有效保护，并得以传承和发扬。而把非物质文化遗产融合在我们的小学美术教育教学活动中，可以进一步让学生通过了解和学习上海非物质文化遗产，培养学生对上海非物质文化遗产的认同感，并且为孩子们创造一定的条件，让他们走近和走进上海非物质文化遗产，在学习了解的过程中，体会乡土情怀与爱国主义情操。美术教师要善于引导，利用好周边的各项学习资源，丰富学生的美术课程活动，并把学生所接触的知识进行扩充，还必须不失时机地把德育渗透到美术课程活动中，激发学生的责任担当，助力对非遗的保护与传承，提高学生的综合素养，促进学生的身心发展，落实立德树人的根本任务。

可以这么说，弘扬和发展上海非物质文化遗产，是每一名美术教育工作者的义务，在我们的学生心中播下非物质文化遗产的种子，也是学校素质教育义不容辞的责任，让民族精神生生不息，代代相传。

参考资料：
[1]上海非物质遗产网 http://www.ichshanghai.cn/ich/n557/index.html

小学美术教学中培养学生环保意识的实践探索

【摘　要】环境保护已经是一个重要的话题，对于小学生环保意识的培养，是一个系统工程，环保意识的培养不是一朝一夕就能做到的，而是需要在美术学科教学实践过程中，结合教学内容，以科学性、生活性、持久性作为原则，从小学生环保意识的培养开始，使他们渐渐养成爱护环境的好习惯。

【关键词】小学美术　环保意识

当今世界，环境保护已经是一个重要的话题，对于我们人类的发展，环境保护刻不容缓。"青山绿水就是金山银山"这句话，很好地阐述了保护环境的重要性，如何利用好美术教育教学活动，结合教学内容，从小培养学生的环保意识，这需要作为老师的我们也具有环保意识，从而承担起从小培养学生环保意识的责任。

一、小学美术课堂教学中培养学生环保意识的意义所在

立德树人，保护环境，教育为本已经是整个社会的共识，要将环保意识根植于人们的意识中，需要让更多的人参与到环境保护的行动中来。小学生环保意识的培养，是一个系统工程，不是一朝一夕就能做到的。首先要让学生懂得为什么要保护环境，我们每天喝的水、呼吸的空气、吃的饭菜、使用的生活材料，充满了我们的生活空间，正因为环保就在我们的

身边，所以我们必须要保护好我们的生活环境。其次，做一个"环保小卫士"其实很容易。结合学生日常生活，点滴的环保行为，聚沙成塔，从环保意识的培养到养成爱护环境的好习惯。结合我们小学美术教学内容，以科学性、生活性、持久性作为原则，并具有美术学科的特点，逐渐推进，融环保意识的培养于日常教学中。

二、小学美术课堂教学中培养学生环保意识的教学实践

笔者从现行的小学美术教材中，根据教学内容，结合环保的分类，选出一些适合在教学中可以融合环保意识培养的课程（表1）：

表1

年级	教学内容	环保意识培养
一年级 上教版小学美术第一册	《有小鸟的树》 《叽叽喳》	森林保护 生物多样性保护
一年级 上教版小学美术第二册	《立体交通》 《未来汽车》	城市保护 能源节约
二年级 上教版小学美术第三册	《树的联想》 《昆虫世界》	森林保护 生物多样性保护
二年级 上教版小学美术第四册	《报纸变花衣》 《画画我的休息天》	废物利用 城市环境保护
三年级 上教版小学美术第五册	《步行街》 《花园城市》	垃圾分类 城市环境保护
三年级 上教版小学美术第六册	《游动的鱼》 《有趣的池塘》	水资源保护 生物多样性保护
四年级 上教版小学美术第七册	《写生身边的风景》 《用水墨来画树》	城市环境保护 森林保护
四年级 上教版小学美术第八册	《我们的朋友》 《活泼的小猴》	生物多样性保护 森林保护

(续表)

年级	教学内容	环保意识培养
五年级 上教版小学美术第九册	《飞向太空》 《都市情怀》	太空环境 城市环境
五年级 上教版小学美术第十册	《有层次的风景》 《美丽的水乡》	森林保护 水源保护

从表中可以看到，美术教材里的环保分类主要有以下几种：1. 森林保护；2. 生物多样性保护；3. 城市保护；4. 水资源保护；5. 节约能源；6. 环保再利用等几种形式。结合小学生德育教育中"小学生环保行为"的要求，培养学生的环保意识，结合我们美术学科的特点，可以从以下三个方面来实施：

1. 小学美术学科材料选择中的环保意识培养

实践出真知，环保意识的培养也是如此，要让学生经过实践，才能起到有效的培养效果。小学美术材料有不少可以利用一些废旧纸张和综合材料，而且美术学科又可以从"变废为宝"到"变废为美"。就拿小学美术三年级《步行街》一课来说，在课前要求学生准备一两个大小不一的纸盒，通过对纸盒的再设计，运用切、挖、剪贴、添画等综合方法，把原先四方的纸盒变成了造型各异的小建筑，经过小组合作，一条具有多种建筑特色的"步行街"就展现在大家面前，学生们惊喜地发现，通过对废旧材料的改造，可以让废旧的纸盒成为小小"艺术品"。在步行街上添加人物的时候，有的小朋友还设计制作了创意造型的"垃圾箱"，是为了让我们的步行街更整洁漂亮。同样的还有二年级的《报纸变花衣》，通过对旧报纸的裁剪，一件创意十足的"新衣服"诞生了。在下课前整理教室环境的时候，学生们还互相提醒，纸张属于可回收垃圾，要做好垃圾分类，不能乱扔，小小的环保意识和习惯就是这样慢慢养成的。

2. 小学美术学科教学内容中的环保意识培养

在小学美术教材中，以动物为造型主题的内容较多，动物又是人类的朋友。为动物朋友打造一个美丽的家园，孩子们是如何通过画面来表达的呢？一年级《有小鸟的树》一课，当一幅画面中只剩下光秃秃的树干、地面也干枯了、一只小鸟孤单地站在树枝上出现在学生面前，我问学生："你们觉得我们该为小鸟做点什么？"学生们回答："要浇水""要多种点树""要为小鸟搭个小房子"……于是一棵小树在黑板上，慢慢"长"出叶片，然后越来越茂盛，小鸟在枝头上欢快地唱着歌。当最后学生作业一起展示的时候，整个黑板变成了一大片树林，树林里不光有小鸟，学生们还添画了其他的小动物，学生们在不知不觉中感受到了保护森林保护环境的重要性。同样的还有上教版小学美术第二册《未来汽车》一课，很多学生都在日常生活中了解到了汽车尾气、噪声以及有害材料对生活环境造成了危害，影响人们的身体健康，所以笔者在引导学生设计"未来汽车"时，要求未来的汽车设计师们设计出来的汽车不光是造型、功能的设计，还要注重对新能源、安全以及环保材料的运用，从小培养学生的环保意识和理念。

3. 小学美术学科教学评价中的环保意识培养

小学美术学科的评价，包括过程性评价和成果性评价，形式多样。美术课评价的方式有很多，现在利用网络教学平台可以扩大教学成果展示的时间和空间，更有利于教学评价的有效展开。上教版小学美术第十册《美丽的水乡》一课，利用智慧课堂的教学平台，学生展示自己画的水乡，并用文字介绍了美丽水乡作品的创作感想，有的学生在文字中写道："我喜欢看到水乡清清的河水。"有的写道："最喜欢安静整洁的水乡。"……也有的学生在互评中写着：水乡画得很漂亮，但是去水乡时有时会看到水面上会飘着一些垃圾，破坏了环境，我们要养成好习惯，不乱丢垃圾，让水乡一直美丽下去。

三、结语

应该说，我们的学生已经具备了一定的环保意识，对学生环保意识的培养以及慢慢养成爱护环境的好习惯还需要平时在教育教学活动中不断地渗透，这也不光是学校的教育责任，更是整个社会的责任，只有把保护环境的意识内化并养成爱护环境的好习惯，从身边的一点一滴做起，让我们的生活空间天更蓝、水更清。

青年美术教师培养策略的研究

【摘　要】优秀的教师是高质量教育的保证，通过师德培养、提高专业水平，钻研教材以及反思与总结，加快青年美术教师成长速度，努力为学校艺术教育培养更多的后备人才。

【关键词】小学美术　青年教师　培养

优秀的教育，离不开优秀的教师队伍；优秀的教师队伍建设，离不开教师团队的建设，优秀的教师团队，除了有高水平的教学领军人物以外，还需要梯队建设，特别是对青年教师的培养。笔者所在的学校是一所百年老校，同时也是浦东新区艺术特色学校、区优秀美术教研组，在浦东新区艺术教育领域具有一定的知名度。特别是近几年来来，随着学校规模的扩大，教师队伍的扩充，学校教师队伍日趋年轻化，就拿美术组来说，补充了3位青年美术教师。笔者作为浦东新区的学科带头人，同时也是浦东新区小学美术骨干团队的领衔人，负责学校青年美术教师的带教任务。如何让青年美术教师更快地成长起来，发挥青年人富有朝气、富有创意、文化水平高、学习能力强、信息素养高的优势，让学校美术教育教学活动开展得更活跃、更丰富，笔者从以下四个方面来谈一谈关于青年美术教师的培养。

一、加强师德教育

对于任何一个老师来说，首先第一条就是要热爱自己的工作岗位，知道我们作为小学美术老师所承担的责任。虽然，一般来说，美术老师任课的班级比较多，但是我们也要尽可能地去多熟悉和了解我们的学生，关爱学生，这是一个老师做好本职工作的前提。其次，当今世界丰富多彩，对教师队伍也有一定的影响，所以说，加强师德教育，以身边的优秀教师为榜样，树立正确的价值观、世界观和人生观，加强自己的教育信念，不怕困难，乐于奉献，这是成为一名优秀教师的另一前提。

二、提高专业素养

作为一名小学美术教师，美术专业素养的不断提高是青年美术教师成长的关键。小学美术教材里知识和技能具有一定的广泛性，远远多于青年教师在以前青青校园里所学到的知识和技能，有一些美术技能，青年教师都不太熟悉或没有实践过，因此加快青年教师的专业素养提升和学习掌握多种美术技能势在必行。

1. 强化基础绘画技能训练

小学美术老师的基础训练以简单实效的速写训练为主，之所以选择速写来作为基础绘画训练内容，首先速写是学习绘画的基础，能够用快速简练的线条表现造型的结构与特征，并且能快速用于教学实践中，教学实用性很强。其次速写的绘画对象可以包括人物、动物、静物和景物，基本满足丰富的教学内容。更重要的一点就是，通过速写训练，随着造型能力的提高，熟能生巧，对艺术创作有很大的帮助。如小学美术教材中以人物为教学内容的比较多，学生经常会模仿老师的范作，只有给学生提供较多的绘画素材，而且最好是直观的，学习效果会更好。如果教师掌握了人物速写技巧，就会很快解决这个难点，教师在黑板上直接的示范画出不同的人物造型、不同的动态，学生的画面也会随之变得更加丰富。

2. 逐渐掌握多种美术技能

小学美术教学技能运用种类比较多，除了色彩、国画、线描以外，还有想象画、版画、蜡染、剪贴、泥塑、剪纸、纸艺和综合材料制作等，同样也要求小学美术老师必须要掌握不同美术表现形式的基本创作步骤。可以这么说，只要是教材里有的，作为美术老师都要会，不光是简单地会一点，而是要求青年美术老师要较为熟练地掌握多种艺术表现形式的基本技能，只有这样，才能有效促进教学水平的提高。可以从临摹入手，勤学苦练。小学美术教师课堂示范较短，一般来说，不会超过五分钟，而且在这短短的几分钟内，要把绘画或者创作步骤以及每个步骤的要求表述清楚，这样才能让学生尽快掌握本课的创作技能，才能进行有效的创意实践。所以，一般我都会要求徒弟们在五分钟内完成讲解和示范，并且要有一定的质量。除了借助现代教育技术的多媒体，实际的训练必不可少，只有熟练掌握多种美术表现技能，才能在小学美术教学方面提高得更快。

3. 参与较高水平的美术交流

笔者这里所说的较高水平的美术交流，是指美术专业领域的交流，指的是观摩画展、作品实地交流。现在美术高水平交流的平台比较多，特别是网络平台的展示，内容丰富，形式多样，拓宽美术视野，了解美术动向，再把学习到的美术新知识融合于自己的教学中。在不同的美术交流平台，我们可以学构图、学习造型塑造、学习色彩运用、学习肌理创作等，不断开拓自己的眼界。俗话说，眼界就是境界，这句话同样可以用于小学美术教师的成长与发展。不管是专业交流还是理论交流，多听、多看、多学、多练才能把学到的转化为自己的。可以这么说，小学美术老师，也可以成长为"艺术家"型的美术老师。

三、深入钻研教材

由于对美术教材的不熟悉，对教学重点和难点往往把握不住，导致青年教师在进行教学实践时顾此失彼。笔者经常带领青年美术教师进行教材研读，学习课标，结合教学实例进行分析。如青年教师对教材分析比较简单化，很少结合课标要求以及单元目标进行细化分析，我就会让他们分别承担不同年级的单元设计，再资源分享找不足。通过多次的组织研读分析教材，使青年教师在较短时间达到了熟悉教材、并能根据单元要求进行有效的较高质量教学设计。同时利用教研平台，多听课学习，强化听课评课，针对教学中的每一个环节，切片式分析，正所谓它山之石可以攻玉。还让青年美术教师们多次承担教学展示任务，一起备课，一起听试教，从教材分析到教学目标确定，再整合运用教育信息技术，不断改进教学方法与策略。通过一次次的钻研教材、教学实践，青年教师的进步显而易见，教学能力显著提高。

四、及时反思总结

做好反思和总结是青年教师成长为研究型教师的基础，这也是今后做好教育科研工作的保障。通过反思，可以让青年教师认识到自己在教育教学实践中的不足，有利于今后教育教学实践的提高。而及时总结，是对自己教育教学的经验的积累，是理论结合实际最有效的资料储备，也为今后开展教育教学科研提供大量有效的实例。从量变可以到质变，从质变可以到提升。正因为有平时的积累，才能厚积薄发，为将来成为优秀教师乃至名师打下扎实的基础。

五、结语

对于青年美术教师的培养,不是一朝一夕的事情。每个青年教师都有自己的个性,都有自己的长处,所以,带教方式除了共性的以外,也要因材施教,不能一概而论。要尽量发挥每个人的长处,挖掘每个人的潜力,这样才能提高带教的效果。学校要尽可能地为青年教师搭建平台,为青年教师创建展示舞台,让这些青年教师早日成长起来。青年教师的情绪会有波动,作为导师要及时和他们多沟通,多交流,帮助他们解决困难。人总会有惰性,在带教青年教师时,也要考虑到形式的多样性,结合青年人的特点,而不是千篇一律的说教。作为一名老教师,身教大于言传,在青年教师的身上,我们也要学习他们的长处,也要不断提高自己的综合素养,更好地为学校、为国家培养出更多优秀的美术教师。

第二章 课程开发

"美丽的小书签"小学美术校本课程的设计与运作

【摘　要】书签由于其表现内容和材质运用可以融合多种文化内涵，激发学生的学习兴趣，非常适合小学美术教育活动的开展。通过课程的设计与运作，以及"五步曲"的具体实施，整合信息技术的运用，促进学生核心素养的发展，达到育人目标。

【关键词】书签　美术　创意

生活中的书签是指为记录阅读进度而夹在书里的小薄片儿，以记录阅读进度和心得。当然随着网络时代的发展，又衍生出电子书签等。书签以其造型变化多、适用材料广，非常适合创意表现，又因为其表现内容可以融合多种文化内涵，非常适合小学美术教育活动的开展，促进学生核心素养的培养和发展，达到育人目标。根据2022版艺术课程标准核心素养要求，在实施本课程的过程中，笔者运用了实施五步曲：感知发现——讨论交流——创意表现——展示交流——自我评价。促进学生进一步理解书签里的综合世界、更好地领悟"小中见大"的传统文化内涵、更好地领悟创意实践的多元化，使学生在实践中提升综合能力，达到育人目标。

一、"美丽的小书签"课程目标的设定

根据2022版《艺术课程标准》核心素养的目标要求，本课程确定了以下课程目标：

1. 培养学生感悟自然、感知和发现生活中美的能力。从生活的细节里发现美，并做好相关知识的积累。

2. 运用不同的材料，创意设计具有个性的书签。学会在不同造型和不同材质的书签上运用学到的综合知识和美术技能设计制作别具一格的书签。

3. 信息技术环境下能以多种方式分享自己的书签作品，并给予恰当的评价。感受多元文化的融合，培养学生喜欢阅读的好习惯。

二、"美丽的小书签"分年级课程内容的开发与实施

1. 筛选教材内容，分层确定课程内容

由于小学生的年龄差异较大，不同年纪掌握的相关综合知识以及艺术实践能力差异较大，笔者首先对不同年级的教材（上教版小学美术教材）内容进行分析和筛选，根据可操作性、适合创意表现、融合文化传承等筛选原则，找到可能适合不同年级学生用于书签设计和创作的相关教材（表1）。

表1

年级	内容	使用材质	创意表现	文化感知
一年级	彩色的名字	综合材料	夸张	名字里的期望
一年级	象形的文字	综合材料	字画结合	汉字的演变
一年级	我们的心愿	纸质	动物的组合	热爱大自然
二年级	深情的敬师卡	纸质	字画结合	尊师重教
二年级	装饰的骏马	纸质	夸张与装饰	马的造型寓意
二年级	学做蜡染	综合材料	纹样的装饰美	民间艺术
三年级	水墨游戏	纸质	水墨创意	优秀传统文化
三年级	剪出来的动物	纸质	剪纸艺术	民间艺术
三年级	游动的鱼	纸质	水墨创意	优秀传统文化

（续表）

年级	内容	使用材质	创意表现	文化感知
四年级	汉字变成画	纸质	字画组合	汉字的演变
四年级	纸卷造型	纸质	造型表现	感悟大自然
四年级	套色剪纸	纸质	剪纸艺术	民间艺术
五年级	飞向太空	综合材料	造型组合	科技文化
五年级	彩墨花卉	纸质	水墨创意	优秀传统文化
五年级	京剧脸谱	综合材料	夸张表现	优秀传统文化

可以看出，筛选出来的内容都可以结合目前使用的教材，学生经过学习，已经对相关内容的知识、技能有所掌握，为进一步进行书签造型的创作和表现，打下了一定的创作基础。

2. 寻找书签材质，激发学生艺术创作兴趣

对于书签绘制材质的选择，秉持两个"易"的原则，在确保不同年级学生在制作书签安全第一的情况下，首先是"易寻找"：就是学生身边的材料。书签的基本造型基本就是一薄片，适合夹在书本里，所以纸片是最常见的，而且纸具有色彩多、品种多等特点。还有如秋天的落叶，无论是银杏叶、枫叶，还是巴掌大的梧桐树叶，都是很好的选择。其次是"易操作"，书签除了纸质、树叶等材料运用以外，还可以结合其他一些材质，如锡纸、塑料片，玻璃纸等一些新型材质。由于材质的变化，可以进一步激发学生的学习兴趣，同时在收集书签制作材料过程中，学生也可以发现意外的"美"。如在收集叶片的过程中，有的树叶会有一点缺失，有的树叶因为虫咬等原因，却保留了较完整的叶脉，别具一格。也有学生在收集材料过程中发现，一些草本的、比较柔软的叶片不适合制作书签。有的同学会把捡到的小木片收集起来，一时间，只要发现家里有"薄片"，学生们都会去想一想，这个是否适合做书签。

3."美丽的小书签"创意课程的具体实施

在确定节课程目标,有了具体的实施内容以及有较多的材料可以用于"美丽的小书签"的课程实施,接下去的课程实施,将更关注学生在课程实施过程中艺术表现和创意实践,通过"五步曲"的实施,学生的"美丽的小书签"作品渐渐展现在大家面前。

(1)感知发现

在学生创作小书签之前,先带着学生们走进"艺术海洋",布置探究任务,了解书签的基本知识,发现书签和平常艺术作品之间的关系。如书签可以是一枚单独的,也可以是同一题材成套的;书签一般都比较小,书签上的艺术造型需要描绘得比较精致。书签上可以不光有图案,还可以配上适当的文字,一般以自我激励的话语为多。

(2)讨论交流

在对书签的基本表现形式有了一定的了解之后,讨论交流十分必要,因为这样可以丰富学生的创作视野,老师可以拟几个问题,一起参与讨论。如:在书签上的造型如何选择?怎样设计有趣的书签造型?小小的书签可以怎样构图?学生在一起讨论交流,还可以试试画画草图,抒发自己的创意想法。

(3)创意表现

在确定自己书签的创作内容和形式表现后,学生们就可以开始制作自己的小书签了。基本步骤如下:先制作书签外形,再根据自己的设想进行构图,画出基本造型后再进行装饰表现,最后调整完成。应该说不同的材质,绘制过程会有所变化,如利用玻璃纸制作的书签,先把玻璃纸根据自己的设计剪出外形,然后可以在稿纸上进行设计,再把透明的玻璃纸覆在上面,用油性的记号笔根据设计稿勾出造型,最后再进行装饰,再配上流苏,一枚装饰感十足的小书签就做成了。如用锡纸来制作小书签,在确定外形后，可以使用一些普通工具在锡纸上进行创作，由于锡纸的特殊性，制作出来的图案有浮雕的感觉，也是别具一格。

在创作的过程中，我鼓励学生从造型构图、内容形式、材质选用等几方面进行创意表现，如运用文字进行创作时，可以利用软件查一查运用何种字体来体现最为合适，可以是金文大篆，也可以是行书草书，可以是整体布局，也可以是局部放大表现，借助信息技术可以及时看到所想呈现书签设计的效果，这样有效激发了学生的创作思路。有的学生喜欢制作一套多枚的书签，统一的书签造型同一个主题，就用色彩来表现，因为学生们学过一课"四季的色彩"，画面中就一棵树，却是四个颜色，浅绿、深绿、橙黄和蓝色，使画面颇有意境，简单大气，这套书签就叫做"四季"。学生们最后的作业呈现可以说是非常的精彩。学生们还可以尝试不同表现形式的书签制作，真可谓是"小书签里的大世界"。

（4）展示交流

"美丽的小书签"的展示可以是多样式的，可以在特定的环境里，自己的教室里，展示在艺术长廊，展示在图书馆里，还有信息化展示平台等多方位立体式展示，学生们还可以把自己书签创作过程的想法分享给大家。如校园走廊里的"云屏"就是一个很好的展示平台，学生们可以是独自一个，也可以以团队的形式，录制好小视频，跟大家分享自己的创作成果，围观的小观众可真是不少。

（5）自我评价

应该说，评价环节往往是学生在学习成长过程中比较重要的一个环节，因为在评价环节里，学生可以听到不同的声音，有点赞表扬的，有提出建议的，甚至还有一些较严厉的措辞。所以，我经常和学生沟通，在听取评价意见时，要保持好自己心态，不能因为表扬而骄傲，因为有不同的意见就灰心，我们在听取评价的时候可以找到自己的亮点，在保持个性的同时加以改进，使自己的小书签更有特色。

"美丽的小书签"自我评价表

班　级		姓　名	
书签内容		材料使用	
创作小感受			
我的心情	☺　☺　☺　☺　☺		

三、让"美丽的小书签"绽放得更绚丽多彩

一枚小书签的制作不光只是学会制作，还可以让小书签发挥更多的作用。书签就该配上一本书，我鼓励学生多看书，可以是《十万个为什么》《上下五千年》，也可以是《三国演义》《唐诗三百首》，以小小的书签，能让学生逐渐养成阅读看书的习惯，也是不错。其次，自己制作的小书签，还可以作为小小的礼物，在家庭成员生日的时候，教师节、六一节的时候，也可以是毕业的时候，通过一枚充满敬意和爱意的特色小书签，也会让人感觉暖暖的。

书签虽小，世界却大，通过"美丽的小书签"课程的设计与运作，让更多的孩子在课程实践中拓宽了知识面，综合能力得到一定的提高，更让美丽的校园添加不少文化气息、艺术气息，校园因此变得更美。

参考书籍：
[1]胡知凡.艺术课程与教学论[M].杭州：浙江教育出版社，2003.
[2]钱初熹.美术教学理论与方法[M].北京：高等教育出版社，2005.

开发上海老工业区艺术文化资源建设美术校本课程的研究

【摘　要】本文阐述了"开发上海老工业区艺术文化资源"美术综合实践活动课程的理论与实践研究的内容及成效。其中包括研究内容的构建，即课程的理念价值与基本特征、适合开发的老工业区文化资源以及课程开发的方法、途径等内容的构建；研究成果的形成，即课程教学实施的策略和方法；"开发的老工业区文化资源"系列校本课程的实施以及学生综合学习能力与人文素养培养措施等成果的形成。

【关键词】老工业区　美术　实践活动　课程开发

一、课程研究的背景及意义

《开发上海老工业区艺术文化资源建设美术校本课程的研究》属于香山小学朱健朴校长主持的全国专项课题"开发本土文化资源，建设美术校本课程的研究"的子课题。是指充分开发和利用本土（主要是指上海及浦东也包括其他一些地域）文化的资源，建设具有探究型和校本化特征的美术综合实践活动课程的一种课程研究模式。我们提出"开发上海老工业区艺术文化资源建设美术校本课程的研究"的研究课题，是在实践的基础上深层次探索开发学校周边具有历史文化以及具有教育意义的资源，并融合于学校活动课程化设计和运作中，概括地说主要有以下三方面的认识：

（一）开发上海老工业区艺术文化资源建设美术校本课程的研究符合丰富课程内容的需要

在一个没有丰富教育资源的教学环境下进行"教"与"学"，好比一个大的环境优雅的超市，货架上没有足够的商品，也就吸引不了众多的顾客。没有丰富内容的课程运作无法激发学生的学习兴趣，提高学习效率。我们应该要像开发一个琳琅满目的超市那样去建设一个极其丰富的教学资源，并且不断地进行更新、充实和完善，这样才能真正发挥教育资源在教育教学过程中的作用。

（二）开发上海老工业区艺术文化资源建设美术校本课程的研究符合提高学生综合素养的需要

当今社会，城市发展的脚步很快，许多具有历史意义的老工业园区离我们的下一代越来越远。这些老工业园区曾是我们国家民族工业振兴的引路者。在世博会的会场里，留下的老工业园区的点点滴滴，既是一种曾经的丰碑，如今也是一种现代艺术的表现形式。通过在课程活动中的各项社会实践以及艺术创作活动，既让学生为我们民族工业的发展感到骄傲，又提高了学生的综合素养。

（三）开发上海老工业区艺术文化资源建设美术校本课程的研究符合教师专业发展的需要

教师不仅是课程的实施者，更是课程的开发者。在教师专业化过程中，教师的个性、教师的创新以及课程的开发能力等是促使教师拥有深厚的专业知识、实现观念转变、提高教育教学能力的关键。教师在基于网络环境下的学校活动课程化的设计与运作的研究过程中，通过课程的开发、研究、实践，一方面能确立教师即研究者的信念，增强教师的课程意识和开发能力；另一方面，教师通过参与课程开发，缩小了课程开发者与实施者之间的距离，使课程计划更符合学校、教师、学生的实际，从而促使他们更好地理解和把握课程的本质。随着课题研究的不断深入，课程开发的理念和技术也得到进一步培养，教师的专业也能向高层次发展。

（四）国内外研究现状分析

在国内，如华师大出版的《课程资源开发利用》中提出课程教学是学校教育的基础和主体，学生的在校生活和接受教育的活动，基本上是在课程教学中完成的。学校在落实课程教学时应考虑学生全面发展所需的其他知识和综合素质，考虑其创新精神、实践能力和构建合理的知识结构。而在国外，也有一些学校注重身边的资源，开发成具有现代教育功能的课程活动来运作学校的教育教学活动。

二、课程研究的价值及目标

（一）"走近上海老工业区"美术校本课程的价值

1. 理论价值：通过开发上海老工业基地艺术文化资源建设综合校本课程的研究，寻找一系列学校教育教学活动课程化的设计方法与运作原则，形成有效课程体系与运行机制。本课题研究旨在开发上海老工业基地艺术文化资源建设综合校本课程的研究，将为同类学校提供借鉴或参考。

2. 实践价值：通过开发上海老工业区艺术文化资源建设美术校本课程的研究，形成符合学校培养目标的课程体系与运行机制。以开发身边的综合资源运用为主要辅助手段，课程实施为载体，为学生提供学习活动经历并获得学习经验。同时培养教师课程开发与研究的能力，提高师生的艺术素养，推动教师专业发展。本课题的实施有利于教师、学生的发展，有利于社会教育资源的整合，有利于学校办学水平的提升。

3. 情感价值：我校地处浦东南浦大桥之下，世博园区旁。学校的周边，曾是像江南造船厂、上钢三厂、中华船厂、上海港机场、上海溶剂厂、南市发电厂、上海第三印染厂等上海老工厂的所在地。我们学校很多孩子的长辈曾是这些上海老工厂里的一员。如今，为了世博会，这些厂都搬迁了……为了让更多的人记住曾经为这片热土奋斗的前辈们，让我们的下一代感受当初的创业精神，通过开发上海老工业区艺术文化资源建设美术校本课程的研究，使这股不怕苦的精神传承下去。

（二）"走近上海老工业区"美术综合实践活动课程的目标

1. 通过开发上海老工业基地艺术文化资源建设综合校本课程的研究，建构符合学校培养目标的课程运作体系。

2. 通过开发上海老工业基地艺术文化资源建设综合校本课程的研究，增强教师的课程意识和开发能力，形成一支适应课改需要的教师队伍。

3. 通过开发上海老工业基地艺术文化资源建设综合校本课程的研究，改善和提高学生学习效率，增强学生学习兴趣，扩大学生视野，增加学生学习过程的交互，促进师生艺术等综合素养的提高。同时注重与学生的社会生活实际相联系，注重学科与学科间的相互融合，让学生在学习过程中获得体验，形成健康进取的学习、生活态度。

4. 通过开发上海老工业基地艺术文化资源建设综合校本课程的研究，积累优质教育资源，增强社会的辐射力，扩大学校教育的范围，促进学校活动课程化的设计与运作向更广泛的领域和更高的层次发展。

三、"走近上海老工业区"美术综合实践活动课程的资源

上海老工业区丰富的文化资源是体现海派文化特征的典型媒介体，其中大量内容与美术有关，是重要的美术课程资源。

（一）上海老工业区文化

上海老工业区是中国近代工业的历史见证，是中国民族工业的骄傲。如江南造船厂，江南造船厂的前身是140年前清政府直属的江南制造总局。对江南造船厂，学界一致评价是"中国近代民族工业的发源地"。这里不仅诞生了中国第一家近代企业，也诞生了中国第一批正规产业工人、第一艘机动兵轮、第一磅无烟火药、第一门工业火炮，甚至第一炉钢。江南造船厂始建于1865

图1　江南造船厂建造的中国第一台万吨水压机

年。江南造船（集团）有限责任公司的前身是国内外闻名的江南造船厂，它诞生于1865年，在中国近代史上被誉为"中国产业工人的摇篮"。

（二）上海老工业区造型艺术

上海老工业区的造型艺术资源，包括了三个方面。

1. 上海的老厂房

这些建筑非常具有时代特征，如现在的标志性建筑"温度计"，就是以前南市发电厂的烟囱。

2. 机器设备

在如今的世博园区里，还保留着以前的码头和吊车，如世博园的宝钢大舞台，就是以前第三钢铁厂的炼钢车间。

3. 工人

工人历来是艺术创作的主角之一，特别是老一辈不怕苦不怕累的工人精神，往往是艺术作品中所要歌颂的。

（三）"上海老工业区"美术综合实践活动课程开发的途径

在"上海老工业区"美术综合实践活动课程实施过程中，运用和形成开发利用上海老工业区资源的方法与途径，即"五步操作法"。

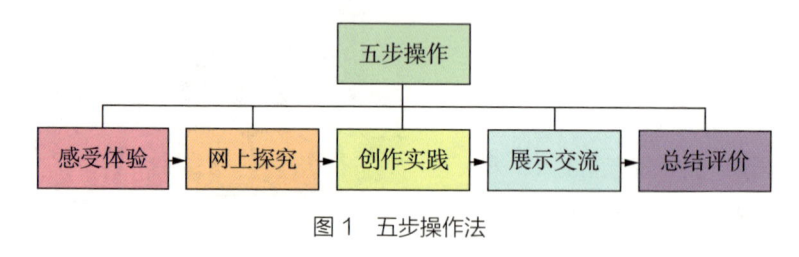

感受体验 → 网上探究 → 创作实践 → 展示交流 → 总结评价

图1 五步操作法

五步操作法是以学生的认知规律为依据，遵照课程教学一般规律，结合综合实践活动的基本特点，有效开发美术综合实践活动课程的一种操作程序。"五步操作法"程序如下：

第一步，感受体验法。

组织学生到选择好的相关的上海老工业区进行实地考察并采集相关资料，包括运用写生、摄影、摄像及记录文字资料等考察记录方法。

第二步，网上探究法。

组织学生将考察写生收集的上海老工业区资料加以梳理和筛选，并继续通过上网等方式查阅相关资料，然后将收集的资料以专题项目形式加以分类整理、归档。在这一操作程序中要求学生制作资料档案袋，让学生在使用档案袋的过程中学会资料整理和归纳的方法。见图2。

图2　老工业园区的老厂房和车间

第三步，创作实践法。

组织学生对采集的资料，在理解、感悟上海老工业区资源的前提下，以造型艺术的形式，如绘画、雕塑、装置等方式进行表现，并体验老工业区资源的文化内涵和精神。

第四步，展示交流法。

组织学生举办多形式成果展示活动，将采集、制作的作品和资料在一个主题框架下进行展示和交流。比如可以采用画展、电子小报展示、博客等活动形式进行展示和交流。

113

第五步，总结评价法。

组织对学生所展示的作品进行交流评价。评价的方式，可采用学生自我评价、师生互评、网络评选等方式，通过评价来总结各项目活动开展的成效。

四、课程研究的成果与效应

在"上海老工业区"美术综合实践活动课程的开发研究过程中，经过反复实践与探索，构建了"上海老工业区"系列校本课程、形成了上海老工业区资源的美术综合实践活动课程教学的两项策略和三项方法，凸现了学生综合学习能力与人文素养的有效提升等效应。

（一）校本特色课程

"上海老工业区"美术综合实践活动课程的开发研究，是研究者根据课题研究的目标与要求，有目的、有计划、有步骤地促使学校校本课程、学生综合素质获得发展的一个过程。通过课程开发研究的实施与操作，逐步构建学校美术校本课程。

学校美术综合实践活动课程的实施和研发，凸现了发展学生综合素质、构建学校校本课程、形成学校特色校园文化的效应。学校校本课程主要由课程系列及课程特征、课程模块内容两方面构成。

1. 课程的系列与特征

通过"走近上海老工业区"美术综合实践活动课程的开放研究，逐步形成和建立起了课程的总模块、分模块和单元主题的框架结构。通过课程开发的实践研究，形成了以探究开发上海老工业区文化资源为载体的美术综合实践活动系列课程。

课程教学有两个主要系列：上海老工业区文化的课程教学和上海老工业区建筑艺术的课程教学。

2. 课程模块内容

校本特色课程模块的内容分成五个年级，共十项内容，如下表：

表2　学校各年级课程设置

年级	内容1	内容2
一年级	1. 听爷爷讲故事	2. 画画黄浦江上的大轮船
二年级	1. 参观世博园老工业园区	2. 用铅丝等综合材料创作一个雕塑
三年级	1. 为工人叔叔画一张像	2. 创作画《热闹的码头》
四年级	1. 参观世博园区的工业雕塑	2. 做工业雕塑专题小报
五年级	1. 参观现代化的工厂	2. 创作一幅未来工厂的想象画

（二）形成课程开发策略与方法

根据学校培养目标，统筹规划学校的教育教学活动，重视教育教学活动的教学资源建设，丰富课程运作的内容。课时集中使用与分散使用相结合，教师指导与学生自主选择、主动实践相结合。利用信息技术优势，有机整合学校主题活动与学科课程，有机整合校内与校外的教育资源，创设学生互动交流的平台，拓宽学生学习的空间，丰富学生学习的资源，增强教育的辐射力度。

1. "走近上海老工业区"课程教学的策略

（1）多学科统整学习策略

多学科统整学习策略，指在"走近上海老工业区"美术综合实践活动课程教学中，统整了美术、历史、社会等多项学科的课程学习内容，组织引导学生进行学科统整性学习和综合实践性学习的教学策略。

如《漂亮的工业主题雕塑》主题课程的实施过程中，通过引导学生对工业雕塑文化的研究，包括对工业雕塑的历史，功能，形状的寓意，中西结合的纹样及文化意义的认知、解读、体验和感悟。学生通过摄影、写生、设计、泥塑、废旧材料环保再利用等造型艺术手段，来表现工业雕塑的造型美，以及雕塑的寓意。学生从尝试结合自己的理想、愿望等设计新的工业雕塑造型。

图3　世博园里的工业雕塑

总之，学生在多学科整合策略引导下，经过美术、信息、语文等多学科的整合学习，获得了跨学科学习的经验和综合学习的能力。同时，还促进提升了传统文化精神等人文素养。

（2）多形式探究活动策略

多形式探究活动策略，就是指在"走近上海老工业区"美术综合实践活动课程教学中，运用实地考察、居民采访、问卷调查、网馆查询等多种探究活动的形式，引领学生进行美术探究性学习的教学策略。

如在《见证世博》主题课程的实施过程中，组织学生将世博园区作为探析的主要对象，进行世博会建筑艺术探究。学生在探访上海老工业区建筑艺术的课程学习过程中，通过多种形式的探究活动策略，在审美创造体验的过程中，生成解决生活和学习实践问题的方法，促进了综合学习能力的发展。

图4　老工业园区和世博园对比

2."走近上海老工业区"课程教学的方法

（1）"走进世博园"实践法

组织学生参观后世博园，拍拍那些保存在世博园区里的上海老工业区的建筑与雕塑，进行调查采集相关资料。学生选择一项感兴趣的上海老工业区建筑艺术的专题，再次进入上海老工业区补充收集相关资料。

（2）"多样式体验"创作法

根据所调查的上海老工业区艺术文化资料整理，组织学生运用多种视觉艺术形式体验上海老工业区美术文化，并创作出体现上海老工业区美术特色和文化内涵的绘画、工艺、设计、影像、装置、雕塑以及展演等艺术作品。

（3）"主题项目展示"评价法

通过将学生调查、创作的上海老工业区美术文化资源的材料及作品，设计成一个主题活动项目或电子小报,展示和交流研究的成果,评价和检测学生的综合能力和素养的发展。

3."开发上海老工业区艺术文化资源"课程教学的评价

课程评价的核心是促进学生的人文素养和审美创造素质及探究学习能力的发展,通过突出评价的过程性和个性的差异性等,建立起可操作的开发本土文化资源的美术综合实践活动课程评价方式及"以学生发展为本"的发展性评价体系。

表3 课程教学的评价

内容	自我评价	家长评价	老师评价
活动参与	☺ ☺ ☺	♡ ♡ ♡	
作品创作	☺ ☺ ☺	♡ ♡ ♡	
交流合作	☺ ☺ ☺	♡ ♡ ♡	
活动感受			

五、课程研究的反思及展望

"开发上海老工业区艺术文化资源"美术综合实践活动课程,就是要以跨学科学习、探究性学习,以开发上海老工业区艺术文化资源的美术综合实践活动课程为途经,实现发展学生的多形式探究性学习和多学科统整性学习等综合学习能力课程的目标;同时,实现发展学生体验、感悟优秀传统文化底蕴和民族精神内涵,并养成尊重和宽容世界多元文化的态度和精神等人文素养的课程目标。

要实现以上的课程目标,需要正确处理好三种关系。

(一) 传承与发展的整合关系

老工业区的内涵在于传承了中国民族工业发展的历史,见证了中国工业发展的历程。随着世界工业水平的不断发展,老的工业越来越不适应社会的发展。在提倡节能减耗、保护环境资源的今天。我们的课程不仅包含有容量较大的美术专业知识及技能等教学内容,还包含着丰富的文史知识以及人文内涵等内容。课程的学习在引导学生传承老一辈工人阶级的奋斗精神和未来工业的持续发展,并用艺术的形式进行表现。

(二) 课堂与课外的同步关系

课程活动由课堂与课外、校内校外教学实践活动组成,课内外两个方面相辅相成,是一个有机整体,缺一不可。包括了学生校外的参观学习、信息采集以及在校内的活动交流。

(三) 教师与学生的互动关系

教师应更多地扮演一个"引导者""协助者"的角色,引发学生自主探究的主动性。由于美术活动的特殊性,教师应多激发学生在课程的实施活动创造能力的培养。

六、结语

实施"开发上海老工业区艺术文化资源"美术综合实践活动课程的开发与研究,丰富了学校课程活动,促进了学校校本课程的建设和学生综合素养的发展与提高，探索了开发身边文化资源建设美术校本课程的实践规律。这一课程的开发研究，还需要经过不断的努力和持续的实践，才能获得进一步的完善。

参考文献：
[1]胡知凡.艺术课程与教学论[M].杭州：浙江教育出版社，2003.
[2]朱健朴.美的实验与创造[M].上海：上海远东出版社，2008.

《普通美术教师如何"从我做起"》培训课程

【课程概览】

课程理念：

该课程是在课改背景下、学校实行绩效考核后美术教师如何提高自己工作状态的主要内容。课程本着增强普通美术教师内驱动力，挖掘潜力，加强自我发展，优化工作环境，提升课程执行力。

课程目标：

1. 树立正确的工作目标和态度，保持良好的心态。
2. 客观正确地进行自我分析，确立合适的自我发展目标。
3. 挖掘自身的特长，努力成为具有自我特色的研究型美术教师。

课程内容：

该课程分为三大板块：目前美术教师的状态分析、美术教师如何优化自我的工作环境、良好环境下美术教师可持续发展两点建议。学习作为一名普通美术教师如何发挥自己的特长，努力为自己创设一个良好的工作环境，努力学习，加强自我发展，成为一名有个性、有特色的研究型美术教师。

学习方式：

本课程学习采取讲授、讨论等方法进行。

考核内容：

学员针对自己，进行自我分析，并制定相应的发展目标。

知识导航：

普通美术教师如何"从我做起"

第一部分　目前美术教师的状态分析

一、以美术教师为职业

二、美术教师的工作环境

三、美术教师的自我认识

第二部分　美术教师如何优化自我的工作环境

一、美术教师优化自我的工作环境的意义

二、美术教师优化自我的工作环境的条件

第三部分　美术教师可持续发展两点建议

一、以专业促发展

二、以学习促发展

教学内容：

第一部分　目前普通美术教师的状态分析

第一讲 1 课时

一、以美术教师为职业

1. 我是一名普通美术教师

我这里所说的美术老师，是指在学校中担任美术学科教学任务的非骨干教师。以浦东新区为例，在教师研修社区中注册的小学美术教师有五百多位，其中包括学科带头人和骨干教师 43 位，只占 10% 不到，普通美术教师占了 90%。如果说要提高美术学科整体教学质量、提高美术学科课程执行力，切实有效地提高普通美术教师的整体业务水平是关键。

2. 目前普通美术老师的工作状态分析

- 勤恳耐劳，努力进取
- 无欲无求，动力不足

- 个性使然，矛盾空间

二、目前美术教师的工作环境分析

1. 工作环境条件较好

学校条件好，一般为大型学校，学校对艺术教育较为重视，教研组建设较好，注重优秀教师引领，同伴间互帮互助（如观澜小学、福山外国语小学、进才实验小学、南码头小学等一些区优秀美术组）

2. 工作环境条件一般

有标准的美术专用教室，教师个人工作环境一般

3. 工作环境条件较差

学校不太重视艺术教育，美术教师人数少，缺少互助

三、美术教师的自我认识

1. 我可以

我有特长，我有创意，希望被领导认同，得到学校的有力支撑

2. 我向往

如果有条件，我会培养出更多的绘画小能手；我可以将自己的教学特色予以展现

第二部分　美术教师如何优化自我的工作环境

第二讲 1 课时

一、美术教师优化自我工作环境的意义

1. 良好的工作环境心情好

有一个明亮宽敞的大房子，心情自然舒畅，布置得漂亮些，让老师和学生们一起来分享这份快乐。

2. 良好的工作环境动力足

我可以做许多我喜欢做的事情，争取多取得些好成绩。

二、美术教师优化自我工作环境的条件

1. "勤"

- 做好自己的事情，多取得好成绩
- 多做一点不吃亏，帮人等于帮自己

2. "巧"

- 不能蛮干，要善于动脑
- 好钢用在刀刃上，该出手时就出手

第三部分　良好环境下美术教师可持续发展两点建议
第三讲 2 课时

一、以专业促发展

1. 专业是可持续发展的本钱

发挥自己的长处，把长处做得更长，做有特色的美术老师

2. 专业是提升自我艺术修养的阶梯

艺术修养是一种宝贵的内涵

二、以学习促发展

1. 好学好问

多学一点总是好的

2. 兼听则明

听到点"坏话"不是坏事

结束语：

个人的发展离不开良好的工作学习环境、同伴的互助、专家的引领、个人的努力以及良好的心态。美术教师的工作意义非比寻常，其效果的延续性会伴随你的学生的一生。我们会遇到挫折、会感到"郁闷"，但我们更

多遇到的是大家的关切和帮助。我们以自己的爱好作为自己的职业，本身就是一件快乐的事情。

最后我借用一句广告语，那就是——我有！我可以！

参考书籍：
[1]胡知凡.艺术课程与教学论[M].杭州：浙江教育出版社，2003年.

第三章 教学案例

1 "走近名作"主题性单元水墨画教学设计

  小学美术中国画教学是对学生进行传统文化的体验、国画技能表现以及审美能力培养的主要方式，对学生的核心素养培养和发展起着至关重要的作用。为此基于美术学科核心素养的小学美术中国画实践教学应该重视主题性单元教学设计与实施，注重创设真实情境，运用"以练代问"的教学体验，激活学生思维活动，调动学生体验水墨的墨趣变化，感受水墨相融的乐趣，提升学生的美术核心素养，感受中国优秀传统文化的魅力，促进学生的艺术能力与人文素养的综合发展。

  在上教版小学三年级第五册"走近名作"主题性单元教学设计中，笔者对本单元的内容进行进一步挖掘，聚焦教材中齐白石、吴冠中、张大千不同的笔墨表现力，对中国优秀传统文化"中国画的墨趣与表现"的核心内容，基于美术学科四大核心素养的全面落实。笔者运用了美术实践"四步曲"教学法，即：欣赏感受——实践体验——审美表述——自我评价。通过"四步曲"的美术实践方法，促进学生对"墨趣""墨韵""泼墨"等艺术表现的理解；在"墨点的趣味"中感受"破墨"法的运用后墨点的丰富变化；在"墨线的变化"实践体验中，感受中国画的运笔以及墨线丰富的变化而产生的笔墨韵味；在"水墨游戏"中，更深一步地感受"墨分五色"；在创意表现器皿作品的实践体验中，更好地领悟"水墨相融"的大雅大美。以此加深学生对中国画的了解以及对中国画传承与创新的认识，增强思想情感表达能力，在艺术感知和创意实践中传承和弘扬中华优秀文化。

【单元教学目标】

1. 知识与技能

了解水墨画工具材料的特点，初步掌握中国画的"破墨""墨线的变化""墨分五色"等笔墨技法；学会用水墨的基本运笔方法和水墨画语言，分别创作以"墨趣"为主题的水墨作品。

2. 过程与方法

在比较欣赏发现、实践体验中，了解齐白石"以小见大"的艺术表现力；在创作实践中体验"墨线的变化"和"水墨游戏"，感受与体验水墨点、线条、墨色丰富变化和用笔的独特美；乐于大胆表现。

3. 情感、态度与价值观

感受水墨画的独特韵味，体会浓淡墨点、墨线和墨色变化的美感，增强对民族传统艺术的了解和热爱。

【学情分析】

三年级的学生已经具有一定的造型表现能力和观察能力，对中国画也有所了解。由于是初次接触水墨画，对于中国画绘画工具和水墨技法表现比较陌生。在水墨画教学过程中，一些行为习惯的养成，特别是在宣纸上，对墨色运用以及水墨的控制掌握得还很不够。

【教学准备】

学具：毛笔、宣纸、墨汁、调色板、笔洗等。

教具：毛笔、宣纸、墨汁、水、范画、课件等。

【教学重难点】

重点：水墨画中点、线以及墨色变化的表现。

难点：能用"墨点""墨线""墨色变化"创作有趣的、墨韵十足的水墨作品。

【教学过程】

第一课时

课题名称：墨点的趣味

课时：1课时

教学目标：

知识与技能：了解水墨画工具材料的特点，初步学会水墨画中点的基本表现技法，并用变化的墨点表现有趣味的画面。

过程与方法：在尝试墨点练习过程中，学习用毛笔表现墨点浓淡干湿变化的水墨画方法。

情感态度与价值观：感受水墨画的独特韵味，体会浓淡墨点变化的美感，增强对民族传统艺术的了解和热爱。

教学重点：水墨画中点的墨色变化。

教学难点：画面的构思与墨点的应用。

教学过程：

一、欣赏与演示

1. 出示优秀水墨画作品，师生欣赏与交流简介水墨画工具材料的特点。

2. 学生体验：用滴的画法画墨点。

3. 揭示课题：《墨点的游戏》。

4. 教师示范：浓点与淡点，水破墨的点，墨破水的点等。

设计意图：认识中国画常用的笔墨纸砚，以练代问，通过简单的实践，观察发现并能了解"水破墨""墨破水"等不同墨点的画法。

二、尝试与发现

1. 学生尝试并交流：还可以用哪些不同的方法画出墨点。

2. 在画点的时候，你发现点有什么不同的变化？

3. 学生交流，教师总结：

① 形状不同，大小不同。

② 墨色有变化（干湿浓淡），与水分的多少有关。

设计意图：进一步了解墨色的变化及墨点的表现技法，为运用墨点进行创作做准备。

三、欣赏与表现

1. 欣赏齐白石作品《蛙声十里》，感知中国画墨色变化以及"以小见大"写意的表现方法。

2. 学生在教师引导下再次体验墨色的变化。

3. 学生想象并尝试：在圆点上添加，变成某样东西。

4. 教师创设情景并示范。

① 画荷叶，有大有小、疏密变化。运用刚刚学到的破墨技法，加大墨点，用水渗化。

② 添画蝌蚪，有序、生动、有浓淡变化。注意画蝌蚪小尾巴时，一般用浓墨，并注意蝌蚪游动的方向与疏密。

5. 欣赏同龄人的画，学生练习，教师作指导，出示作业要求：

① 尝试运用毛笔画出有大小、干湿、浓淡变化的墨点。

② 能用富有变化的墨点，表现有趣和生动的小蝌蚪主题的画面。

设计意图:"走近大师"构思画面,并尝试用有变化的墨点表现,可以使画面变得更生动。

四、展示与交流

1. 设置情境,作业展示,欣赏作品。

2. 师生互评。

评价内容:

① 墨点是否有干湿浓淡的变化。

② 是否能添加成有趣的形象。

③ "蝌蚪"的排列是否有疏密变化。

3. 教师小结:水墨画是中国优秀传统文化中国画中的一种,我们要像画家学习,像齐白石老先生一样:每日作画,不教一日闲过。学习这种刻苦学习、不断创新的精神。

设计意图:学习欣赏、感受水墨画的墨趣,运用水墨画语言来评价作品,体验水墨的韵味和成功的快乐。

第二课时

课题名称:墨线的变化

课时:1课时

教学目标:

知识与技能:了解水墨画各种线条的表现,初步学会中锋和侧锋的用笔方法,能画出有变化的墨线。

过程与方法:在涂鸦线条的尝试过程中,学习用粗细、浓淡变化的墨线表现水墨画的基本方法。

情感、态度与价值观:欣赏水墨画作品,感受与体验水墨线条丰富变化和用笔的独特美;乐于大胆表现。

教学重点：掌握中锋和侧锋的用笔方法。

教学难点：用有变化的墨线造型。

教学准备：

学具：毛笔、宣纸、墨汁、调色盘、笔洗等。

教具：毛笔、宣纸、墨汁、水、范画、课件等。

教学过程：

一、欣赏与感受

1. 欣赏吴冠中的作品，感受水墨画的线条美，了解中锋和侧锋用笔的特点。

2. 师生互动，在实物投影仪上演示水墨画的执笔姿势并作中锋和侧锋演示（学生讨论水墨画执笔的特点以及中锋和侧锋用笔的区别）。

3. 揭示课题：《墨线的变化》

设计意图："以练代问"，学生主动尝试体验水墨线条的变化，指导与执笔姿势和用笔方法以及墨色水分控制有关系。

二、尝试与体验

1. 学生尝试练习，体验用中锋和侧锋画线条的乐趣。

2. 教师作执笔姿势和蘸墨的指导，引导学生观察发现。

3. 说说线条的变化主要有哪些，如直曲、粗细、浓淡等。

设计意图："以练代问"，发现中锋和侧锋运用可以使水墨线条的变化更加丰富，并通过指导执笔姿势和用笔方法以及墨色水分控制，加深学生的墨线表现的体验。

三、演示与练习

1. 师生共同演示：用有粗细、浓淡、干湿的线条表现生动的形象。

2. 提出作业要求：

① 尝试以中锋和侧锋的用笔方法画出粗细不同，直、折、曲等各种变化的墨线学习画一幅"水墨梯田"。

② 墨线有干湿浓淡的变化的，画面生动有趣。

③ 欣赏同龄人的画，学生练习，教师指导。

设计意图："走近大师"，学习吴冠中水墨梯田线条的丰富变化，发现中锋和侧锋运用可以使水墨线条的变化更加丰富，并通过指导执笔姿势和用笔方法以及墨色水分控制，加深学生的墨线表现的体验。

四、展示与交流

1. 展示并欣赏学生作品。

2. 学生自评：交流自己运用水墨画线的心得。

3. 学生互评：发现他人作品中的闪光点。

4. 教师评讲，评价内容：

① 墨色线条造型是否有粗细变化。

② 墨色线条是否有浓淡变化。

③ 画面中添加的形象生动有趣。

设计意图：进一步感知吴冠中水墨梯田线条的丰富变化，运用水墨语言欣赏、评价作品，体验运用水墨线条成功表现的快乐。

第三课时

课题名称：水墨游戏

课时：1课时

教学目标：

知识与技能：进一步了解水墨画的表现方法，初步学习水墨画的用笔及墨色浓淡及轻重快慢的变化，并通过裁剪与利用完成作品。

过程与方法：在笔墨练习的过程中，体验水墨画轻重快慢的用笔所创造的画面效果，学习变化丰富的用笔用墨的基本方法。

情感态度与价值观：感受水墨画浓淡变化效果的美，激发对水墨画的学习兴趣，养成大胆尝试、乐于表现的习惯。

教学重点：体验笔墨浓淡轻重、快慢的变化。

教学难点：从作品中选择精彩的局部剪贴。

教学准备：

学具：毛笔、宣纸、墨汁、水、调色盘、剪刀等。

教具：毛笔、宣纸、墨汁、水、剪刀、范画、课件等。

教学过程：

一、欣赏与感受

1. 通过课件欣赏国画大师张大千的泼墨画作品，感受泼墨画的笔墨韵味。

2. 讨论：这些作品在画面效果上有什么特点？与你们以前看到过的作品有什么不同？你还见过哪些类似的作品？

3. 欣赏同龄人的作品并讨论：你能看出其中的笔墨的色彩变化吗？说说你的感受。教师简介"泼墨画"：泼墨画是在中国画特定的宣纸和水墨相互作用下产生的一种特殊的艺术效果，泼墨技法是利用水墨在生宣纸上自然流淌渗化的性能，形成画面的大结构，再用笔整理、补充成完整的作品。

4. 出示课题：《水墨游戏》

设计意图:"走近大师",从张大千的泼墨画作品中感受水墨的酣畅淋漓也是一种美,鼓励学生大胆运用笔墨。

二、体验与认知

1. 教师在实物投影仪上演示浓淡变化的水墨效果。

2. 学生复习轻重快慢的用笔方法,尝试练习并交流感受,体验笔墨变化的乐趣。

3. 师生共同练习几种基本的笔墨表现方法,如干笔、墨破水、水破墨、彩墨等,感知笔墨的变化。

设计意图:"以练代问",尝试多种笔法的运用,学习笔墨浓淡、轻重、快慢的表现方法加深学生的墨色表现的体验。

三、创意与表现

1. 作业要求:运用多种笔墨方法进行点、线、面综合练习。在笔墨练习的基础上学会选择精彩局部，并适当裁剪，合理利用纹理装饰，创意新形象。

2. 教师提示并演示：将作业进行适当裁剪组成新的造型，并可以在此基础上加以想象与添加，完成独特的画面。

3. 学生作业，教师巡视、辅导。

设计意图：通过体验水墨点、线加上彩墨的组合，感受水墨画的创意新形象。合理的裁切选取局部，利用花瓶等造型，完成独特的水墨画面。

四、交流与拓展

1. 展示并欣赏学生作业，学生分享交流水墨游戏的感受。

2. 教师点评。

评价内容：

① 墨点与墨线是否有粗细、浓淡变化。

② 是否有干笔、墨破水、水破墨或彩破墨的效果。

③ 画面的裁剪是否适当。

设计意图：鼓励学生大胆地表述水墨游戏的创作感受，进一步激发学生学习水墨画的兴趣，大胆发现水墨画的艺术表现力。

从"三国演义"到"装饰的骏马"

【摘　要】根据教学内容，从《三国演义》连环画中获取有效的关于马的造型的资源，拓展了学生的知识面，开拓了学生的眼界，从而促进"装饰的骏马"造型表现的丰富性，使美术课变得更精彩。

【关键词】美术　骏马　传统文化

在上教版小学美术二年级第一学期教材里，有一课《装饰的骏马》，其主要就是利用简单地图形组合，表现出骏马的身体结构和动态，再运用夸张的手法表现骏马的鬃毛，最后运用色彩或者疏密的线条组合进行装饰。

第一课时后，我看着学生的作品，反思了下：在引导学生观察骏马的造型、了解骏马的身体结构后，从图形组合到最后的装饰表现，一切都按部就班，但我始终觉得这骏马的造型变化还不够多，不够生动，学生的作业还是以老师的示范和书本上提供的资源为主要参照对象，缺少对骏马造型、姿态多样性的创意表达。

这个问题主要在于我提高供给学生用于学生的创作资源较少，于是思考如何给学生提供有效的关于"骏马"教学资源。突然脑瓜一亮，资源就在身边，咱不是有《三国演义》嘛。

一、关于《三国演义》

我这里说得《三国演义》，指的是连环画，这可是取材于中国古代文学史上的经典长篇小说的。特别是这套连环画,参与绘画的有高适、崔君沛、赵仁年、胡若佛、朱光玉等数十位知名画家,无论是构图、不同人物造型、各种场景都画得非常精彩,可以说这套连环画是中国连环画中的经典。我小时候就是因为这套连环画而痴迷画画,每天就是涂画这连环画里面的英雄人物,画着奔跑的骏马。

可以这么说,这套连环画中马的造型资源如果能运用于"装饰的骏马"这课中,那么学生的作品一定会表现得更精彩。《三国演义》这本古典名著,让学生有机会去阅读了解一下,也是为学生创造了一次接触传统文化的机会。第三,这套连环画里面的造型一般都是以中国画传统"白描"的技法予以表现,让学生感受中国画的魅力也为以后中国画教学打下小小的基础。

二、骏马造型的收集

在课前我布置了小小的《三国演义》骏马造型收集的任务,在学校的智慧校园信息化管理平台上,我发布了任务,并且配上了一定的要求:

1. 每一位同学可以通过网络、书籍,通过三国演义连环画,收集骏马的造型;

2. 骏马造型的多样化,各种姿态都可以,关键画面中的骏马不能太小;

3. 学生可以将收集到符合要求的骏马造型发布到作业平台里做资源共享。

短短一两天的时间,平台上就收集到各种骏马造型素材。在这中间也是有个小小的插曲,在学生收集骏马资料的时候,有不少家长也积极参与,于是骏马的造型不光是来自《三国演义》,还有《岳飞传》《隋唐演义》

等多本古典小说的连环画里的骏马造型，甚至还有的学生家长帮自家的孩子整理出中国古代的"上八骏"，让全班同学一起享受了"骏马"造型大餐。

三、"装饰的骏马"再行动

有了丰富的骏马造型资源，我从其中挑出姿态特征明显的骏马造型，或屏幕展示，或打印出来分发给学生用于艺术表现。结果也如同我预想的那样，装饰的骏马不是统一的站立式，有飞跃式、奔跑式、食草式、打滚式等，也有骏马造型组合式的表现。为了更好地展示骏马的风采，我把学生作业展示设计成中国传统的册页式，一张一张把学生的作业连接起来，组成一张"装饰的骏马"长卷，学生们在展示作业时，长长的作业占据了半个教室，在介绍和评价环节，学生们对马的造型分析那还真是提高了不少，因为他们已经在这次整个教学时间过程中，学到了不少关于马的知识，领略了很多马的造型，并学会从众多的骏马造型中选出最神骏的骏马。

一节关于马的美术课，因为一个小小的改变，学生收获的不光是学习如何去装饰骏马，而是在活动过程中综合能力的提高，包括感受了传统文化的艺术表现力。在我们的教材里，能运用连环画资源的内容还有很多，做好筛选和融合，可以让我们的美术课更精彩。

3 《烟囱变变变》课程教学案例

【案例背景】

作为一所百年老校,笔者所在的上海市浦东新区南码头小学地处浦东南浦大桥之边,离开黄浦江只有400米左右。在2010年上海世博会之前,学校的周边,曾经有着像江南造船厂、上钢三厂、中华船厂、上海港机厂、上海溶剂厂、南市发电厂、上海第三印染厂等上海大中型企业。上海是中国近代工业的重要基地,留存着数量众多的19、20世纪工业文化遗产,工业遗产也是上海城市文化重要组成部分,特别是江南造船厂是中国民族工业发展历史的见证。世博会时,由当初南市发电厂烟囱而变化来的"城市温度计",小小的一个创意,就成为上海世博会乃至现在的一道靓丽的城市风景线。如何将众多的工业遗产,结合现代的艺术表现力,让它们重焕光彩,为城市添光,是我们每一个上海人民的职责。同时,这些工业遗产也为小学美术教育实践活动提供了丰富的资源。

【意义与目标】

一、课程设计的意义

1. 感知发现身边工业遗产的美,学习了解中国工业发展取得的巨大成就,激发学生的民族自豪感。

2. 培养学生的创造想象能力和探究学习能力,以及学生的学习社交能力。

3. 拓展学生的知识面，知道艺术表现的多样性，进一步提高学生的艺术欣赏水平。

二、课程设计的目标

1. 了解烟囱的一般造型特点，学习运用电脑绘画技术进行创意设计。
2. 通过观察发现，收集相关资料，讨论交流，进一步培养学生信息技术能力与运用信息技术进行绘画创想能力。
3. 感受上海城市的发展成果与艺术造型多样性的乐趣。

三、过程与方法

1. 多方探究，寻找资料

（1）分小组，合理分工，布置任务。引导学生上网搜索，搜集烟囱的相关知识，包括烟囱的造型、材料等，并建立各自的文件夹，进行资料汇总。通过引导学生观察原南市发电厂的大烟囱，到世博会的"温度计"，激发学生的探究欲望。

（2）做小记者收集故事。可以找一找我们身边的人物，他们中有不少参与了当时这些工厂的建设，请他们谈一谈"工厂往事"，最好有照片、视频等记录。

【设计目的】学生在课程实施前，需要储备一定的相关知识，学生在利用不同方法进行资料收集的同时，对我们所要进行美术创作的"烟囱变变变"有了更深一步的了解。

2. 讨论与交流

（1）小组收集资料分享交流。

（2）说说上海工业遗产背后的故事。

【设计目的】学生在分享的过程中，可以了解到其他小组的学习状况，丰富自己的学习知识，取长补短，可以有效促进学习的发展，进一步感受上海发展的步伐。

3. 创意表现烟囱 发挥想象

（1）运用多媒体，引导学生进行猜一猜的小游戏，在激发学生的学习兴趣的同时，也在拓展学生的学习思路。

（2）教师引导学生进行烟囱创意造型的设计分类：

A. 以烟囱原型为主，进行适当添加（如温度计）

B. 以烟囱冒出的烟作为设计元素（可以把冒出的烟变成水果、礼物、一些符号等等）

（3）教师演示，师生互动，运用绘画软件进行"烟囱变变变"：

A. 进入绘画程序，打开原有的烟囱图片

B. 发挥创想，运用画笔功能进行添加上色

C. 调整画面，保存完成

（4）作业要求：

A. 造型设计添加具有创意

B. 烟囱或者烟的元素与众不同

【设计目的】学生在分享的过程中，可以了解到其他小组的学习状况，丰富自己的学习知识，取长补短，可以有效促进学习的发展，进一步感受上海发展的步伐。

4. 展示交流，评价拓展。

A. 评价量规表

内　　容	良好	好	非常好
创意设想	☆	☆☆	☆☆☆
画面效果	☆	☆☆	☆☆☆
技术使用	☆	☆☆	☆☆☆
我的收获			

B. 展示学生的作品，学生进行互评和交流

【设计目的】学生在分享的过程中，可以了解到其他小组的学习状况，丰富自己的学习知识，取长补短，可以有效促进学习的发展，进一步感受上海发展的步伐。

5. 教师总结，拓展延伸。

四、教学成效

1. 发现身边的美的资源，发挥想象力，培养学生创造能力和创意表现。
2. 感受祖国民族工业发展的速度，以及上海作为世界性大都市的时代风采。

"青花瓷之山水篇"教学设计

【教学内容】青花瓷——山水篇

【类型】绘画

【年级】四年级

【教材分析】

本课属于小学美术第七册绘画单元中的一课。本单元以画树为主，并逐渐延伸到写生和水墨画创作。在学习水墨画的基础上，尝试运用单色进行绘画创作，表现中国传统艺术青花瓷。青花瓷是中国的瑰宝，也是很多美术课所上到的。这节课重点是要让学生感受青花瓷的表现魅力，以及运用毛笔和青蓝色进行绘画练习，从而表现水墨青花的魅力。这节课除了美术课最本位的绘画技能以外，还是学生以前所学的国画知识技能和想象观察能力的综合体现，同时也让学生进一步感受了中国传统优秀文化的魅力。

【学情分析】

四年级的学生具有一定的绘画能力，善于观察。但是对只用一种青蓝色来表现图案来说，还缺少体验。特别是根据无意产生的水色变化来合理选择图案，并完善画面，有一定的难度。

【教学策略和方法】

本课我采取了猜一猜、学一学、练一练、变一变等教学环节。通过引导学生通过运用ASL平台的移动终端自主学习，探究青花瓷的图案，通过教师演示互动教学，根据"造型、层次、韵味"的三个具体要求，完成画面。最后通过展示，发挥"魔法信封"的"魔力"，展现和感受青花瓷的魅力。

【教学目标】

知识与技能：让学生了解一些青花瓷的山水绘画表现内容和方法，并运用单色水墨来表现青花韵味。

过程与方法：通过引导学生尝试体验、探究学习、讨论交流、示范互动等方法，并运用学过的知识和技能来绘制富有韵味的青花山水。

情感、态度与价值观：感受画山水青花的乐趣，为祖国的艺术瑰宝感到骄傲。

【教学重点和难点】

本课的教学重点就是运用水色变化，发挥学生的想象、观察和创作能力，绘制出漂亮的青花山水。

本课的难点就是水色的层次以及画面造型较为合理安排。

【教学准备】

基于 ASL 平台的交互移动终端环境，铅画纸、毛笔、颜料、调色盘等绘画工具。

【教学过程】

一、导入

1. 复习回顾以前学过的水墨画知识。

2. 出示课题《青花——山水》。

二、新授

1. 自主探究，围绕着"造型、层次、韵味"三个关键词去学习。

（教师引导学生进行青花山水的自主学习）

2. 试一试，师生互动，进行青花山水的创作（教师的引导作用）。

（这是一个极其重要的整合点，能够较为充分发挥移动终端的优势。首先是自主性强，每个学生在探究学习时，学生可以根据自己的需求去寻找。第二，教师也可以利用ASL平台，控制移动终端，及时了解学生的信息，举一反三，让学生能够较多地了解青花图案的创作变化）

3. 教师小结：一般的山水青花瓷，其表现内容有山石、树木、河流、建筑、人物等组成，这些漂亮生动地水色青花，我们可以根据它的造型特点，根据画面的需求，进行创作。

4. 画一画

教师示范，师生互动，根据自己的水色交融图案进行创作并完善课题《青花瓷——山水篇》。

（老师的示范起到引导作用，互动的作用就是让学生敢于去尝试，前阶段属于放，现在要收回来，回到画面的组织）

绘画步骤：

（1）用深青色勾出树干，添加枝叶，进行构图

（2）添加小屋、远山等等

（3）完成画面，适当调整

三、学生作业，教师巡视指导

作业要求：

1. 用青花色画一幅水墨山水画

2. 构图饱满，造型生动有趣

3. 层次较为丰富，富有韵味

（合理的学生作业要求，既可以提升学生的学习信心，也是评价的基本要求，又可以教会学生如何去评价）

四、展评与交流

1. 展示学生的作品，并根据作业要求"造型、层次、韵味"来点评。

（培养学生表述的能力，引导学生从韵味、技能、画面感受等几方面去讨论交流）

2. 挑出优秀作业装进"魔法信封"并展示。

（让学生感受青花瓷的魅力，青花瓷的魅力在于青花纹样和瓷器器型的完美结合）

五、拓展与延伸

1. 拼图游戏，奖励大花瓶（对折剪）从碎瓷片到完整。

（移动终端的学生资源，也是局部到整体的欣赏了解）

2. 感受国之瑰宝，魅力青花。

（渗透德育教育，提高审美情趣）

3. 课外拓展，网站链接：http://www.luoxiaotao.com/（青花瓷网）。

《青花瓷之山水篇》教学反思

1. 移动终端的运用可以让学生学得更自由，信息量更大。各类资源的和教育技术的运用，重在实效。这次课堂教学中，利用教师机向学生移动终端发送的任务，猜谜可以让学生激发兴趣，增长学习兴趣。拼图可以让学生进一步感受青花瓷的魅力，从局部到整体地欣赏青花瓷的美丽。

2. 传统美术教学与信息技术的运用整合更显个性。信息技术的运用，在于既能凸显学科本位的知识与技能，又能提高美术教学的效率。这次青花瓷教学，每一幅学生的作品都是具有各自的特点，这和使用移动终端大有关联。学生可以自由的找到自己喜欢的山水树木建筑造型，使作品更具个性，这也是美术教学的目标所在。

3. 对于每一节美术课来说，时间的因素或许是对教学设计最大的束缚，所以对于老师在进行教学设计时所选的各类资源，一定要讲效率。

小学美术微课——"水墨趣字"

【设计背景】

笔者受邀参与中国教师研修网网络远程课程的拍摄,根据国培网课程要求,在选定"水墨趣字"课程之后,进行录制课程的设计。以下通过小学生水墨课程"四步曲":欣赏发现——实践体验——审美表述——自我评价的过程实施,从三个方面对本课的基本教学步骤,学生自主学习要求和进阶练习加以描述。

【教学过程】

一、教学活动的设计

教学环节	教学活动	设计意图
引入新课	引导学生欣赏(带着任务去观察发现,感受墨色的变化与字形的组合)"水墨趣字"作品,找一找,认一认,感受水墨"趣"字的变形、表现方法与墨色变化。 自然引出课题:《水墨趣字》。	让学生了解水墨画表现的内容多元化,发挥美术教师的绘画基本功,突出美术教师示范教学特色,用水墨字形的变化来激发学生学习兴趣。其次进一步培养学生审美感知能力,加强对中国的水墨画感受。
教学过程	请学生说说自己的名字,了解自己名字的意义。 从学生的名字中选择一个字,通过笔画的变化,深浅墨色的表现,并根据字义,进行适当的添加,使画面既有汉字的结构美,也有水墨的韵味,更体现汉字的寓意。	中国的汉字,历史悠久。每个学生,从自己的名字中可以感受到家长们的期望。

(续表)

教学环节	教学活动	设计意图
教学过程	**步骤：** 1. 确定要表现的汉字（也可以通过篆体字APP，把一般的汉字转换成篆体字）。 2. 用深浅墨色，以中锋线条为主表现字形。注意构图的饱满，可以让笔画加以夸张表现，丰富画面。 3. 运用简介概括的造型，根据字义进行适当添加，使画面更生动。 4. 调整画面，落款完成。 作业要求： 1. 用自己的名字里的一个字创作一幅"水墨趣字"。 2. 构图饱满，并能根据字义适当添加。 3. 墨色有变化，富有层次。	学习用水墨的方法来表现不同字体的汉字，可以结合现代教育技术，提高信息素养，又能更好地了解汉字的造型艺术，感受水墨的乐趣，使学生的综合能力得到提高。
全课小结	水墨画是我国传统文化艺术的具体表现，汉字更是我们中华民族的灵魂，字画结合的表现是水墨画一种较为新颖的艺术表现。水墨趣字作品的创作，体现了我们中华民族优秀传统文化的传承与发展。	水墨画的表现技法加上汉字结构，让更多的学生体验中国古老的文化传承，把中国的优秀传统文化继续发展下去。

二、自主学习任务单的设计

一、学习指南
1. 课题名称：《水墨趣字》，上海书画出版社五年级，水墨画单元。
2. 达成目标：
　　从观察字的结构、造型等形象特征入手，了解汉字的一般造型结构。学会正确的观察、分析水墨趣字表现的基本方法，主动尝试用自己的名字进行创意表现，感受水墨画的魅力和名字间家长的期盼。

（续表）

3. 学习方法建议： 　　运用现代教育技术，选择不一样的字体。根据老师的示范和自己的创作体验，掌握汉字结构表现和水墨表现的一般方法。 4. 课堂学习形式预告： 　　基于课前的微课学习，课堂上将体现学生的个性，根据自己的名字，找到汉字的含义，并能运用水墨画的技法在展现汉字结构的基础上，根据字义进行添加，使画面的趣味性更足。
二、学习任务： 　　通过观看教学录像自学，完成下列学习任务：能利用现代教育技术，掌握字体的一般变化，并能根据字义进行适当的添加，能用水墨技法进行表现。感受水墨画的创作乐趣，体会中国传统优秀文化的博大精深。
三、资源链接： 　　百度链接"水墨画；字体转换"，查找关键词。
四、困惑与建议： 　　1. 利用汉字创作，对字形结构合理地进行构图安排，从字义表现中体现传统优秀文化内在。 　　2. 对水墨作品的自我评价的基点，可以从字形设计，笔墨运用等方面去交流分享。

三、《水墨趣字》进阶练习题的设计

1. [题文]水墨画是一种绘画形式，它具有什么特点？（　　）

A．墨色层次丰富，气韵生动　　B. 只有线条

C. 只有黑白色　　D. 只能画人物

答案：A

[解析]中国水墨画的特点是：水墨变化多，富有层次，色彩微妙，意境丰富。

2. [题文]水在进行水墨画创作时，首先应该学会什么？（　　）

A. 选择写生位置　　B. 准备好画板、画纸

C. 做到胸有成竹　　　　　D. 画到哪里算哪里

答案：C

[解析]宋·苏轼《文与可画筼筜谷偃竹记》："故画竹，必先得成竹于胸中。"所以在动笔之前，必须对画面内容、墨色运用都要考虑好。

3. [题文]在创作"水墨趣字"时，应该着重画什么？（　　）

　A. 抓准比例　　　　　　B. 表现字的内在含义
　C. 画出对象的立体感　　D. 表现字象的一般结构

答案：B

[解析]汉字的造型变化较多，水墨趣字在表现时，更应该根据字义来表现。

4. [题文]一幅优秀的水墨画作品，"墨即是色"，指墨的浓淡变化就是色的（　　）变化。

　A. 高低　　　B. 层次　　　C. 大小　　　D. 前后

答案：B

[解析]"墨分五彩"，指色彩缤纷可以用多层次的水墨色度代替之。

信息技术环境下"自画自说"活动的设计与运作

【摘　要】素质教育是以提高民族素质为宗旨的教育，着眼于受教育者及社会长远发展的要求，以面向全体学生、全面提高学生的基本素质为根本宗旨，以注重培养受教育者的态度、能力、促进他们在德智体等方面生动、活泼、主动地发展为基本特征的教育。《在信息技术环境下"自画自说"活动的设计与运作》项目的研究，能更进一步探索学校教育信息化运用的模式及途径，加强信息技术与学校特色课程的整合研究，在以推广素质教育，提高学生的审美情趣为目标，推动教育信息化的发展。

【关键词】素质教育　信息技术　自画自说　美育

教育信息化的快速发展，新课程、新理念的逐渐深化，随着我校的教育信息化工作不断有效推进，在近几年的学校管理与课程改革实践中，重视利用计算机网络、多种资源和信息化设备的有利条件，进行有效的学校管理与教育教学活动，提高了教学效率，积累了许多资料和经验。通过《在信息技术环境下"自画自说"活动的设计与运作》项目的研究，能更进一步探索学校教育信息化运用的模式及途径，探索艺术教育工作在信息技术环境下的整合发展，为推动新区教育信息化的发展，我们在不断地探索。

信息素养是当今社会每个公民必备的基本素养。义务教育阶段的信息技术课程为每一个学生获得接受信息技术教育的权利提供机会和条件，对公民信息素养的发展具有重大意义。学校信息技术课程要以信息素养的培养为核心，面向全体学生，从基础教育的特点出发，为学生适应信息化生活、走向学习化和学生的终身发展奠定坚实基础。

在目前新课程标准实施的背景下，学生成为课程设置时考虑的主题，无论是从学生的全面发展来说，还是进一步推动和发展学校的信息技术，尤其在当年北京奥运会开幕式上，中国古老美术元素——文房四宝使世人惊叹，在春晚的节目中，以王希孟著名的青绿山水长卷"千里江山图"为元素的舞蹈"只此青绿"更是让世人惊叹。对于我们的学生来说，作为国家未来的建设者，在小学阶段提高他们的艺术综合素养，是小学美术教育活动的目标，所以《在信息技术环境下"自画自说活动的设计与运作"》项目的研究是有重大意义的。

一、拓展时空，依托信息技术，展示"自画自说"风采

信息技术的优势在于其信息传播速度快、范围广，容量大。"自画自说"项目是我校的传统项目，每年我校都会定下主题，组织学生参与、展示、交流。受学校硬件条件的影响，每次学生作品展示只有几十幅，参观的人数都局限在校园里，有时也会受天气等因素的影响，更别说社会影响力了。信息技术环境下的"自画自说"项目的设计和运作，要在先进的教、学理论指导下，构建既能发挥网络本身优势又能充分体现绘画艺术教育本质特点的学习环境，并在实践中不断探索以信息技术为基础，在"自画自说"活动的应用模式下，结合学校及各美术学科的特点改革教学，努力培养学生的创新精神、展示自我和实践能力，从而达到全面提高学生素质的目的。

我校的校园网上，有一个"网上画廊"平台，其中展示了我校各个年级中一些优秀的美术作品。每当学生在画廊中看见自己作品的时候，他会请他的

家人、同学一起去欣赏，在画廊中，孩子们留下了他们互相鼓励的话语，老师留下了激励学生、鼓励的话语。社会的影响力、关注度更高。应该这么说，是信息技术平台融合了线上与线下的时间与空间，让这里成为艺术的花园。

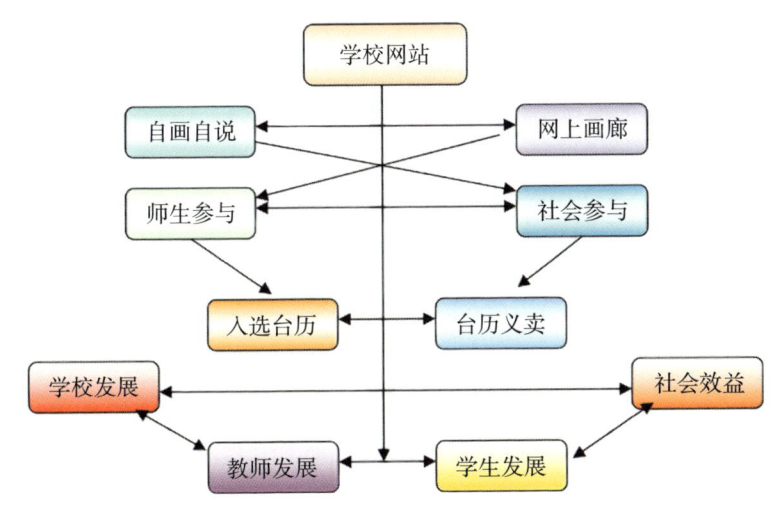

信息技术环境下，"自画自说"活动结构图

二、全面育人，以"自画自说"激发和提升学生的艺术表现能力

"爱美之心，人皆有之"，审美教育是素质教育中不可缺少的一大部分，审美情趣的提高，也是孩子成长中不可缺少的。怎样去"读画"，怎样交流，对于学生的培养和发展来说都是非常重要的。在确立了"爱祖国、爱科学、爱家乡"的活动主题以后，大队部在第一时间，利用升旗仪式讲话和校园网的新闻发布，进行了活动倡议宣传。

美术组的老师在全校所有的班级中进行了绘画的创意激发和技术指导，让学生大胆地发挥自己的想象能力，艺术创作能力。从一张张充满想象和艺术感的学生作品中，你可以深深地感受到学生们对生活的美好向往。有一张作品，是一个二年级学生画的，我印象很深，作品中一个大大的蓝色的"e"，大胆的构图，震撼的效果，充分说明了孩子对科技世界的向往。

每个孩子都希望自己的画能够入选，我校校园网上"自画自说"网上投票系统收录了这次参加活动所有学生的作品，发挥信息技术平台大容量跨时空的优势。当孩子们看见自己的作品出现在投票系统中时，他们告诉了自己的家人，分享着他的快乐。而家长们又动员了社会的力量，积极参与到投票活动中来。从1票到2万多票，无论得票数是多是少，但是这份积极参与的热情就已经足够了。试想如果没有信息技术作

保障，没有网络这个平台，画只能停留在校园的墙上，其影响范围要小多了。

　　学生在大大的舞台上，旁边就是他的画。自我的宣传，也是未来发展的需要，培养一份自信，走出第一步是非常关键的。一般学习画画的孩子会比较腼腆，通过"自画自说"这个活动，增强了孩子的自信心。

三、放眼社会，以"自画自说"传播无限爱心

　　这些画作，最后只有100多幅被选进我校新年的新台历，对于多数学生来说，犹如"奥运"精神，重在参与。因为他们后面还将参加台历的义卖。信息技术让我们有机会展示自我，并奉献着自己的一片爱心，我校所

159

有的师生都参与到"台历义卖"的活动中。

图1　争着付出一片爱心　　　　图2　我们的台历，我们的爱心

义卖所得捐了一部分上海市红十字会，其他的所得都进入学校的帮困基金，用于帮学校的困难家庭学生买上一份学习用品和冬装。

四、信息时代，使学校活动课程化更添风采

通过本次项目的实施，使学校的信息化管理更规范，更有前瞻性。人员的配置、使用更科学、高效。借助项目的实施，优化了学校的网络平台，尝试了新的信息技术环境下的学校课程活动开展方法，让更多的人通过网络平台来参与艺术活动，参与面更广，学生的积极性高，社会的关注率也高，不受时间和空间的限制，并扩大了学校的社会影响力，提升了师生的信息素养。扩大了的学校的社会影响力，通过网络平台，运用艺术作品的影响力，使更多的人来关注学校的教育、让更多的人来为学校的教育献计献策。

活动内容	传统形式	信息技术环境下
展览方式	学校版面作品少	网上画廊作品多
点评画作	无法点评	网上点评各抒己见

（续表）

活动内容	传统形式	信息技术环境下
参观人数	局限在学校师生	社会参与面广人数多
投票管理	人工费时费力	全民参与易于统计
观赏效果	直观感受	缺少现场效果

五、结语

素质教育是以提高民族素质为宗旨的教育。以面向全体学生、全面提高学生的基本素质为根本宗旨，以注重培养受教育者的态度、能力、促进他们在德智体等方面生动、活泼、主动地发展为基本特征的教育。我们在信息技术环境下，学校的课程实施活动中，信息技术的发展空间还不止于此，在信息技术环境下，艺术活动、学校课程开发运用的空间更为广阔。在"自画自说"活动中，学生的绘画能力、自我展示能力、信息素养等各方面得到了锻炼和提高，相信在不远的将来，我们会再接再厉，借助信息技术的翅膀，让我们飞得更高更远。

形状的游戏之"有底色的画"教学设计

【课程类型】绘画

【教学课时】1课时

【教材分析】

本课是上海书画出版社《九年义务教育美术学科课本（试验本第5册）》第三单元"形状的游戏"中的一课，课题是《有底色的画》，课时为1课时。

对于本教材来说，就是让学生了解美术作品的多元性，能够去选用合适的美术材料，用简洁的造型语言大胆的表现常见的事物，通过作品传递自己的情感，并初步形成设计美化作品的基本能力。对于本课的教学，我感觉要注意三个方面：

一、让学生发现身边的美景，体会艺术表现的多样性，知道绘画表现不是都在白纸上，不同的画纸上可以创作不一样的绘画内容。

二、通过绘画活动，既提高了学生的分析观察、选择审美能力结合对建筑艺术的再表现，对"有底色的画"进行创意实践的探究与实践，培养学生的创造能力。

三、通过教学实践，让学生感知不同的艺术创作方法，在提高学生的绘画表现能力的同时，用有个性的美术作品，来点缀我们的生活。

【学情分析】

三年级学生都有一定的绘画基础，包括对形状、色彩、图案等的认识，但是由于学生间的个性差异，每一个学生对事物的观察能力、表现方法的掌握以及对色彩的偏好上的不同。三年级学生正处于儿童绘画创作的转折期，在他们的画中往往有这样一些特点：用线不够大胆、生动；容易受对象约束，带有主观色彩；随意性大、也会创作出奇特的令人惊奇的作品。根据这些特点，我把重点放在合理的运用底色的块面上，而难点则是运用记号笔表现石块、水面的质感。

【教学策略】

本课《有底色的画》是对他们所学知识的一个巩固和延伸。所以在本课教学中，通过现代教育技术的运用，根据学生的年龄特点，合理创设情境、展示大量图片、设计生动有趣的游戏，学生会觉得学习很开心、很有趣，活跃了课堂气氛，充分调动学生的学习积极性，提高了教学效率。

【教学目标】

知识与技能：了解旧报纸产生的特殊效果，掌握记号笔绘画的一些基本绘画方法，在用旧报纸制作的底版上进行绘画表现。

过程与方法：通过引导学生欣赏发现，体验制作底版，并讨论选择适合底版的绘画内容，用记号笔速写的表现方法来表现水乡的美景和倒影。

情感、态度与价值观：欣赏同学的作品，感受水乡独特的韵味，知道保护环境的重要性。

【设计理念】

《美术课程标准》2011版，对学生学习美术提出了更高的要求："激发创造精神，发展美术实践能力，形成基本的美术素质，陶冶高尚情操，完善人格。"所以，我在教学活动中注重充分发挥美术学科的艺术魅力，提高课堂效率，积极创新，逐步提高学生的艺术修养和审美情趣。在进行教学设计的时候，首先注重对学生学习美术的兴趣和激发学生创造精神的培养。第二美术是需要掌握一点绘画的技巧，学会运用一些新材料、新方法，所以，我在教学中注重引导学生运用身边最普通的旧报纸来创作美术作品。第三，教会学生如何去欣赏作品，感受水乡的历史文化和环境保护的重要性。

教学重点与难点：

教学重点：合理的利用底色的块面进行。

教学难点：运用记号笔美术技法的运用。

教学准备：

多媒体课件、旧报纸、铅画纸、记号笔、胶水。

教学过程：

一、导入

媒体出示几张图片（水乡、花朵、高楼），请学生选择，挑选适合的绘画内容画在以旧报纸为底版的纸上。

1. 学生讨论，发表交流自己的看法，并做出选择。（古老的水乡）

2. 教师小结：善于动脑筋，多观察，根据不同的底色来确定画面的内容。

（设计说明）通过引导学生观察，让学生学习了解不同的底版对于造型的表现可以产生不一样的艺术效果，为培养学生的审美感知创造条件。同时，多媒体的运用，也让教学的实效性大大提高。

二、选择绘画表现内容

1. 发给学生白色的铅画纸和旧报纸，引导学生制作"旧报纸底色"。

2. 撕下旧报纸（任意形状），贴在铅画纸上。

（1）不要贴满，贴的面积大约占1/3左右。

（2）贴得要平整。

3. 出示课题《有底色的画》。

（设计说明）选择制作底版的材料，为艺术表现做好准备，同时底版的制作，也考验学生在创作前的构思能力。

三、指导学生作画，教师演示

（一）画水乡石岸（要求：合理选择运用底色）

1. 在有底版处，在纸面上获左或右约 1/4 处，画出一直线（水面）

2. 利用底版的旧报纸，画出水边的石块

（1）形状与大小排列

（2）石块之间的变化

3. 学生画石块，教师巡视，及时指导

（二）指导学生添画水中的倒影（要求：运笔比较流畅，层次丰富）

1. 用记号笔靠近水面和石块处加深，逐渐往下淡化

2. 一点一点用此方法向旁边扩展

3. 借此机会告诉学生，我们要爱护地球上的水环境

4. 学生画出水中的倒影

（三）添画水面上的鸭子（要求：使构图更完整）

1. 引导学生观察鸭子游水的图片

2. 指导学生画面的安排，利用底色上报纸

3. 指导学生添画鸭子

（1）添加一块旧报纸底色

（2）画出鸭子戏水的造型，并添加倒影

4. 学生添画完成作品

（设计说明）创作要求在师生互动过程中逐渐渗透，美术的技法运用也是本课的重点与难点，教师示范的直观性是帮助学生解决教学重点的关键。

四、展示学生的作品，引导大家来欣赏、分析

1. 出示好作品的要求（从底版运用，造型组合，运笔技法和画面的整体效果进行评价）。

2. 学生互动交流（展开自评与他评）。

3. 教师总结。

我们用身边的小小的、普通的东西创造出优秀的美术作品。我们看到的水乡，环境优美，我们应该保护好这个美丽的、幽静的水乡，让更多的人感受水乡的魅力。

（设计说明）学生在运用语言进行分享和交流的同时，也是培养学生对作品内容的感悟能力。教师的总结是对今天学习过程以及成果的总体评价，同时也起到了对所表现的水乡历史文化和保护环境重要性的传播。

【教学反思】

在教学中，我首先在激发学生兴趣上取得比较好的效果。借用了多媒体的画面移动，我引导学生分析观察用不用底色来进行绘画表现是不一样的，让学生知道，在白纸上可以作画，运用一些新的方法、新的材料也可以画出漂亮的美术作品。第二，在教学中，我根据教学环节说确定的教学要求也是恰到好处。在制作底色环节，我多了一个要求，贴得要平整。因为平整的画面更利于学生的绘画表现。第三，我的教学示范比较准确到位。无论是指导学生画石块、画水面，还是后面的添画鸭子，我都做了示范。因为，学生比较直观地看见老师的示范，更利于学生的美术绘画技巧的学习和掌握。在画石块时，我引到学生在运笔时转动手中的记号笔，使学生绘画表现时所产生的线条更具有变化和艺术韵味；在指导学生画水面的波纹时，我通过画出两种不同的水波，让学生分析、比较、选择，挑出最合适，表现得最为恰当的一种。还教会学生如何把画得不够好的地方通过添加使画面更完整。

在教学过程中，又因为是借班上课，对学生的了解程度极其有限，所以在教学活动中也会碰到一些"不顺"。如，我请学生撕下一块报纸。我来添画，学生的随手一撕是个未知的结果。就在指导学生画鸭子时，学生却撕了一条长长的纸条给我，我在接过纸条的同时，突然地想到，这个正是我引导学生进入"正轨"的好时机。正因为是一长条，所以学生更关注我如何将这纸条添画成一只在水中的鸭子，在学生的注目中，我告诉学生，长长的纸条不适合画鸭子，只要稍稍地撕去一点，这样会更适合画出一只漂亮的鸭子。于是示范撕纸、挑选粘贴的地方来完整构图，一笔一笔清晰准确的示范，鸭子画出来了，学生明白了。

  课件的制作也是教学成功的保证。在制作课件时，我通过运用信息技术的整合，在引导分析作品，欣赏画作、讲解构图、感受水乡、提高审美情趣、懂得保护环境上切实提高了课堂教学效率。

  学生的作品反映是教学中重要的一个环节，也直接说明了教师在教学设计中成功和效率。看见每一个学生都完成了作品，都有一定的质量，说明我的教学设计还是取得了一定的效果。我让学生从一张白纸到利用旧报纸制作底色，到分析观察知道运用底色来作画，并懂得线条表现的变化，最后把平时的画装裱成一张优秀的作品，加上我具有一定的亲和力，善于调节课堂的教学气氛，让学生在学习绘画技巧、感受水乡的美丽，懂得保护好环境。

  上完了课，感觉在两个方面应该再注重一些。首先中国的诗与画历来是融合的，在品画的时候如果能够恰当引入诗句，会更有意境。第二，在底色的制作选择上要更灵活多变一些，如在画鸭子的时候，底色也可引导学生选择一些稍微鲜艳点的底色，这样画面会更精彩一些。

《"马赛曲"像一头雄狮》速写教学案例分析

【案例背景】

对于许多学习绘画的学生来说,特别是我教的这些五年级的学生,他们已经认识了许多石膏人物头像,如马赛曲、阿格里巴、小卫等,但是对于大多数学生而言,对这些著名雕塑却不太熟悉,甚至有的根本没见过,于是我脑海中突然蹦出一个念头,正好这次有儿童速写的比赛,我何不让学生们来尝试一下用画速写的方法画石膏像呢。

【案例实施】

说干就干,我到美术准备室里一顿忙活,小卫、海盗、伏尔泰、马赛曲等一个一个被我搬出来。在进教室前,我还特地上网查询了和这些雕塑相关的知识。

一、欣赏与发现

当我把"马赛曲"雕塑抱进了教学班级时,学生们惊叹的、好奇的、不由自主的讨论起来……他是谁?我却不着急,先请他们看一下屏幕:

马赛曲:大理石高 17.20 米〔法国〕吕德。这座大型高浮雕群像设置在巴黎辰星广场凯旋门左侧墙壁上。群像上半部表现了女神急剧地向前飞跃的姿态,下半部表现了几个体格魁伟的志愿军战士。整个作品只有七八个人物,但是给人的感觉却像是一支群众队伍。雕像概括地表现了当时法国千百万志愿军的形象。雄伟的凯旋门和壮丽的雕塑让学生惊叹，随即我告诉学生，今天我们看到的这个雕塑作品就是以法国国歌命名的"马赛曲"。

当我请学生说说看见这个雕塑的感受时，他们有的说这是一个发怒的人，有的说这个人在呐喊……但是有一个声音让我再回头看了一下这个著名的雕塑——马赛曲像一头雄狮。这个举世闻名的雕塑之所以能够让世人震撼，就因为"马赛曲像一头雄狮"。

二、创作与表现

当时我就有了一个念头：让学生画出雄狮一般的马赛曲。当我要求学生用速写的方法进行写生，把自己对雕塑的感受画出来，但学生在落笔前却不由得有些缩手了，他们怕画得不像。我对他们说：实话告诉你们，这是考大学时才画的内容，我们画得不像很正常哦，老师只是请大家大胆地画，大胆地用线条去表现，画出心中的感觉，像与不像并不重要。学生们又对雕塑观察了会，逐渐开始动笔了。

过了一会，学生们不受拘束的动感线条把一个个不同感受的马赛曲表现在纸上：

三、展示与评价

我随即遇到了一个难题:如何让我的学生们来认同这些美术作品,如何让学生从价值观上来感受,体会成功的感觉,只凭我凭空地说,简单的表扬恐怕很难让多数学生接受这些作品是优秀的。

看着学生们带有疑惑的目光，我问他们："你们觉得自己的画如何啊?"少数的几个回答"还可以""就是不太像""感觉有点怪"……我笑了笑，问他们："是不是以前没见到过？"学生们都点了点头，"哇，独特的创新哦！"我再让学生仔细看看他们自己的作品，"你们的画是一种创新，在我们的生活中，创新的、与众不同的，正说明社会文化在不停地发展，你们在自己的画中体现了你们自己对绘画、雕塑的感受，就像前面有位同学所说的——马赛曲像狮子，所以在他的作业中就有一种狮子的、一种不寻常的气势，大家来找一找哦。"学生们开始仔细地寻找，开始小声地讨论，"你看那个挺像的，旁边那个不太威严"……这时，我说："这样吧，哪位同学来介绍一下自己的作品，并且说说在绘画时的感受。"不知是谁插了一句："让画狮子的来说。"大家笑了，那位男生不好意思地说："我在画时因为看见的是侧面，他的头发飘起来，长长的，有一种动感，感觉像狮子在奔跑。"

　　我不知道当年吕德在雕塑马赛曲时是否考虑到这点，或许在他心中，当时的法国人民都是雄师。我大声地告诉我的学生：这是周老师见过的最有特色的一幅表现"马赛曲"的作品——雄师。大家用掌声向自己的同学表示祝贺。

四、拓展与延伸

　　初次尝试成功后，我又陆续把其他的石膏像抱进了一个个教室……

　　看着这些学生的作品，我从心底叹服。我真想告诉我的学生，有的画，就连你们的老师都没想到可以这样画。

　　学生对艺术的感受，源自他们的内心世界，一种对艺术作品最原始的感受，抹去了这份童趣，学生的作品也就索然无味了。作为一个小学美术教师，我要在以后的教学研究中多研究探索，多创造一些机会，让学生展示他们的艺术天分。更重要的是让我们的学生要从自己的作品中感受绘画的快乐，绘画的成就感——我们的画是最有特色的。

后 记

  本书的顺利出版，得到了上海市浦东新区南码头小学以及上海文艺出版社的大力支持与帮助，得到了同行们的关心与支持，在这里深表感谢。

  在书中的一些观点、理论吸取了不少文献资料的营养，笔者在参考文献中一一列出，并对这些尊敬的学者、专家表示衷心的感谢。

  本书的出版让我在高兴之余也在不断思考，因为我们的美术教育正在随着时代不断地发展，道路越来越宽，但这也是一条不平坦的路。一路上我们会遇到更多的问题，需要我们在今后的工作中不断努力探究，努力去改进和优化我们的美术教育。由于笔者的水平有限，还有很多的研究需要实践考验，恳请各位专家、同行们和读者不吝指正。

2022 年 11 月

图书在版编目（CIP）数据

乐在"启"中：素养导向下小学美术教育实践探索/周飚著.
-- 上海：上海文艺出版社，2023.4
ISBN 978-7-5321-8690-7
Ⅰ.①乐… Ⅱ.①周… Ⅲ.①美术教育－研究－小学 Ⅳ.①G623.752
中国版本图书馆CIP数据核字(2023)第058299号

发 行 人：毕　胜
责任编辑：毛静彦
装帧设计：周志武

书　　名：乐在"启"中：素养导向下小学美术教育实践探索
作　　者：周　飚
出　　版：上海世纪出版集团　上海文艺出版社
地　　址：上海市闵行区号景路159弄A座2楼 201101
发　　行：上海文艺出版社发行中心
　　　　　上海市闵行区号景路159弄A座2楼206室 201101 www.ewen.co
印　　刷：上海安枫印务有限公司
开　　本：890×1240　1/32
印　　张：5.75
字　　数：147,000
印　　次：2023年4月第1版 2023年4月第1次印刷
Ｉ Ｓ Ｂ Ｎ：978-7-5321-8690-7/G · 0382
定　　价：59.00元
告 读 者：如发现本书有质量问题请与印刷厂质量科联系 T：021-64348005